カレーが
食べたくなったら

坂田阿希子

文化出版局

インドカレー

- 6 スパイスチキンカレー
- 8 チキンティカマサラ
- 10 カシューナッツチキンカレー
- 12 カルダモンチキンカレー
- 13 カシミールチキンカレー
- 14 キーマカレー
- 16 ラムキーマカレー
- 18 白身魚のカレー
- 20 えびのトマトクリームカレー
- 22 ほうれん草とチーズのカレー
- 24 ラジマカレー
- 26 レンズ豆のカレー
- 27 卵とレーズンのカレー

サブジ
- 28 じゃがいもとグリーンピースのサブジ
- 29 なすのサブジ
- 29 カリフラワーのサブジ

ご飯
- 30 チキンビリヤニ

ナン、チャパティ
- 32 ナン2種
- 34 チャパティ

スナック
- 35 サモサ

サラダ
- 36 揚げピーナッツのサラダ
- 36 きゅうりのライタ
- 36 大根のカチュンバル
- 36 玉ねぎのアチャール

contents

- 4 カレーが食べたくなったら
- 5 この本で使うスパイス

おうちカレー

- 70・72　ポークカレー
- 71・73　揚げなすとひき肉のカレー
- 74・76　豆のドライカレー
- 75・77　薄切り肉とじゃがいものカレー
- 75・77　お好みカツカレー

ご飯、パン、麺
- 78・80　カレーチャーハン
- 78・80　カレーピザトースト
- 79・81　スープカレーうどん
- 79・81　カレー南蛮うどん

スナック
- 82・84　カレーコロッケ
- 82・84　カレー風味チキンスティック

サラダ
- 83・85　コールスローサラダ
- 83・85　浅漬け風サラダ
- 83・85　ゆで卵のサラダ
- 83・85　野菜の酢じょうゆ漬け

手作りカレーパン
- 86　カレーパン

タイ風カレー

- 38　鶏肉のグリーンカレー
- 40　魚介のレッドカレー

サラダ
- 42　ひき肉とキャベツのサラダ
- 43　青パパイヤのサラダ
- 43　ライム風味のピクルス

欧風カレー

- 44　欧風チキンカレー
- 46　ビーフカレー
- 48　牛すじ肉のカレー
- 50　骨つきラム肉のカレー
- 52　ケフタのカレー
- 54　洋食屋さんのドライカレー
- 56　シュリンプカレー
- 58・60　魚介のサフラン風味カレー
- 59・61　夏野菜のカレー

ご飯
- 62・64　炊込みカレーピラフ
- 63・65　カレードリア

サラダ
- 66・68　コンビネーションサラダ
- 66・68　フルーツサラダ
- 67・69　トマトサラダ
- 67・69　セロリとじゃがいものサラダ
- 67・69　2色のアスパラサラダ
- 67・69　ミックスピクルス

◎計量単位は、1カップ＝200㎖、大さじ1＝15㎖、小さじ1＝5㎖、1合＝180㎖です。
◎ガスコンロの火加減は、特にことわりのない場合は中火です。
◎オーブンの温度、オーブンやオーブントースターの焼き時間は目安です。機種によって違いがあるので加減してください。

カレーが食べたくなったら

この本では、インドカレー、タイ風カレー、欧風カレー、おうちカレーの4タイプのカレーを紹介しています。それぞれの特徴、作り方のコツ、楽しみ方を知れば、カレーの世界がぐんと広がります。

インドカレー

数種類のシードスパイスとパウダースパイスを使い、スパイスのフレッシュな香りを出しながら短時間で仕上げるのが特徴です。だしになるスープなどは使用せず、素材から出る味、スパイスの香りで食べるカレーといえます。仕上げにココナッツミルク、ヨーグルト、バターなどを加えるものも多く、ナッツやレモン果汁など独特の素材で風味を出すものも。また、ベジタリアンが多いことから、野菜や豆のカレーも数多くあります。とろみはあまりなく、さらりとしたものがほとんどなので、ご飯も粘り気のないバスマティライスが好相性。汁気のないカレーはナンやチャパティがよく合います。

タイ風カレー

カレーのベースとなるペーストが特徴で、生とうがらしや野菜、にんにくやハーブなどをすりつぶしたペーストを使用します。フレッシュで鮮烈な辛さと風味が食欲をそそります。このペーストを炒めて香りを出したところに、ココナッツミルクを加えてカレースープを作りあげ、肉、魚介、野菜などの具材を加えてでき上がり。ペーストを作るのに多少の手間がかかりますが、その後はあっという間に仕上がるカレーといえます。市販のペーストも出回っていますが、手作りのペーストは香りがフレッシュ。インドカレーと同様さらりとしたカレーなので、香り高くパラッとしたジャスミンライスが好相性。

欧風カレー

ルウを作ってからだしとなるスープで煮込んでいくのが特徴。小麦粉を加えてとろみをつけたり、香ばしさを出したりします。玉ねぎをあめ色になるまでじっくりと炒めたものがベース。このあめ色の玉ねぎ、だし、にんじんやりんごといった甘みのある野菜や果物を入れて味に奥行きを出すのもポイント。スパイスは複雑に複数のスパイス使いはなく、ほとんどのレシピがカレー粉だけで作ることができます。じっくりと煮込んでうまみを出していくタイプ。カレー粉プラス1〜2種類、もしくはカレー粉だけでもOK。時間をかけただけのおいしさが味わえるのが魅力です。甘みのある日本のご飯と好相性です。

おうちカレー

どこか懐かしくて、ふっと食べたくなる、日本の食卓で愛され続けてきたカレー。ひき肉や薄切り肉、野菜など、手軽な素材で作れるのが特徴。長く煮込んでうまみを出していくカレーもありますが、ほとんどが短時間で手軽に作れるものばかり。欧風カレーと同様、複雑なスパイス使いはなく、ほとんどのレシピがカレー粉だけで作ることができます。ウスターソースやしょうゆ、トマトケチャップやトマトジュースを足してうまみをプラスするのが特徴。カレーライスだけにとどまらず、カレーうどん、カレーチャーハン、カレーパンなど、おうちならではの味が楽しめるカレーレシピです。

この本で使うスパイス

カレー作りに欠かせないのがスパイス。スパイスには食欲を刺激する香りや辛みがあり、その組合せや使い方で味わいが違ってきます。カレーをおいしくするスパイスを知れば、カレー作りが楽しくなります。自分好みのスパイスや調合を見つけても。このほか、いつも使っている「こしょう（黒、白）」もカレーに必須のスパイスです。

クローブ
薬のような強い清涼感と甘くて濃厚な風味が特徴。少量でも強い香りが出る。日本名は丁字で、花のつぼみを乾燥させたもの。

ターメリックパウダー
ちょっと土臭さを感じさせる独特の香りと苦い風味がある。鮮やかな黄色なので、カレーの色づけのもとになる。日本名はウコン。

クミン（シード、パウダー）
独特の強い香りと甘い風味、わずかな苦みがある。カレー粉に欠かせないスパイス。シードは油で炒めて充分に香りを引き出して使う。

カレー粉
数種類のスパイスをブレンド。配合はさまざまだが、コリアンダー、クミン、カルダモン、ターメリック、赤とうがらしなどが使われる。

サフラン
上品で独特の香り。色づけに使われることが多く、サフランの色素は水溶性なので、湯やスープなどに入れると鮮やかな黄色になる。

フェンネルシード
ピリッとした風味とほのかな甘み、すがすがしい香りが特徴。パウダー状のものもあり、カレー粉に使われることが多い。

カルダモン（シード、パウダー）
香りの女王とも言われ、ユーカリにも似た高貴で強い清涼感があるのが特徴。シードは外皮をむいて種子だけ使うことが多い。

ガラムマサラ
カルダモン、シナモン、クローブなどが入った風味豊かなブレンドスパイス。「ガラム」は辛い、「マサラ」はブレンドスパイスの意味。

ナツメッグパウダー
甘く刺激のある香り、まろやかなほろ苦さが特徴。肉の臭み消し効果があり、肉のカレーに使う。香りが強いので少量使うだけでよい。

シナモン（スティック、パウダー）
ほのかな甘い風味が特徴で、スティック状のものは割って使うと成分がよく出る。日本ではニッキ、中国では桂皮と呼ばれる。

コリアンダー（シード、パウダー）
レモンとセージを合わせたような、甘くてさわやかな香りが特徴。生の葉は香菜としてタイカレーに使われることが多い。

赤とうがらし
油で炒めると刺激的な辛みと香りが出る辛みスパイスで、レッドペッパーとも言う。丸ごと、またはちぎったり種だけ取って使う。

ローリエ
すがすがしい香りで、肉や魚介類のクセをやわらげる効果がある。加熱すると香りが出るので煮込む際に入れる。月桂樹とも言われる。

パプリカパウダー
パプリカは辛みの少ないとうがらしで、甘酸っぱいような独特の香りとかすかな甘みと苦みが特徴。カレーの色づけと香りづけに使う。

マスタードシード
加熱するとピリッとした辛みと香りが出るのが特徴。写真はブラウンマスタードシード。イエローマスタードシードを使ってもよい。

レッドチリパウダー
辛い赤とうがらしをパウダー状にしたもの。カイエンペッパー（カイエン種と呼ばれる辛みの強いとうがらし粉）を使っても。

インドカレー

スパイスチキンカレー

材料 作りやすい分量
鶏ぶつ切り肉（骨つき） 700g
玉ねぎ 1個
にんにく 2かけ
しょうが 大1かけ
トマト 2個
サラダ油 大さじ5

A
クミンシード 大さじ1
カルダモンシード 5粒
ローリエ 2枚

B
パプリカパウダー 小さじ1½
ターメリックパウダー 小さじ2
レッドチリパウダー 小さじ⅓
ガラムマサラ 小さじ1
青とうがらし 3～4本
プレーンヨーグルト 大さじ2～3
塩 小さじ1½

a

b

c

d

1 玉ねぎ、にんにく、しょうがはみじん切りにし、トマトはざく切りにする。**A**は合わせて軽くつぶす（**a**）。

2 鍋にサラダ油大さじ3を熱し、1のスパイス、ローリエを炒め（**b**）、クミンシードがパチパチとはじけて香りが出てきたらにんにくを加え、色づくまで炒める。しょうが、玉ねぎを加え（**c**）、しんなりと薄く色づくまで炒める。

3 2に**B**を加えて香りを出し（**d**）、トマトを加えてつぶすようにしながら炒め合わせる。いったん火を止める。

4 フライパンにサラダ油大さじ2を熱して鶏肉を入れ、表面全体を焼きつける（**e**）。3の鍋に加え、水250～300㎖を入れ、ふたをしないで弱火で15分ほど煮る。

5 ガラムマサラ、青とうがらし、ヨーグルトを加え、塩で味を調え、一煮立ちさせて火を止める。

6 器にバスマティライス（分量外。左記参照）を盛り、5をかける。

◆ **バスマティライス**（インドの香り米）バスマティライス2カップをさっと洗い、ざるに上げて水気をきる。水2カップとともに鍋に入れ、ふたをして強火にかけ、沸騰したら弱火にして10分炊く。火を止めて7～8分蒸らす。

e

数種類のスパイスが香る、インドカレーの基本です。
鶏肉は、骨つきのぶつ切りを使うのがポイント。
骨の髄から味が出て、うまみたっぷりに仕上がります。

インドカレー

a

b

c

d

チキンティカマサラ

1 鶏肉は塩、こしょうをふって手でもみ込む(a)。玉ねぎ、にんにく、しょうがはみじん切りにし、カシューナッツは粗く刻む。

2 鍋にサラダ油を熱してクミンシード、軽くつぶしたカルダモンシードを炒め、香りが出たら玉ねぎ、にんにく、しょうがを加えて炒める。

3 Aのスパイスを加えてなじませ、カシューナッツを加えてさらに炒め(b)、トマトピューレーを加える(c)。鶏肉と水3/4カップを注ぎ入れてふたをし、弱火で20分ほど煮る。

4 塩小さじ1～2と砂糖で味を調え、バター、生クリームを加える(d)。

5 器にバスマティライスを盛り、4をかける(分量外。p.6参照)、香菜を添える。

材料 作りやすい分量
鶏ぶつ切り肉(骨つき)　600g
塩、粗びき黒こしょう　各適量
玉ねぎ　1/2個
にんにく　2かけ
しょうが　1かけ
カシューナッツ　大さじ2
サラダ油　大さじ2
クミンシード　小さじ1
カルダモンシード　5粒

A
ガラムマサラ　小さじ1
ターメリックパウダー　小さじ2
レッドチリパウダー　小さじ1/3
粗びき黒こしょう　少々
トマトピューレー　1カップ
砂糖　小さじ1
バター　80g
生クリーム　1/2カップ
香菜　適量

8

揚げピーナッツのサラダ
・
作り方 p.36

鶏肉を、トマトと生クリーム、バターをベースにした
カレーソースで煮込んだ、定番のカレー。
濃厚でありながらまろやかなので、年代を問わず人気です。

カシューナッツのピューレー、トマト、ヨーグルトを
組み合わせた、こっくりとした味わいのチキンカレー。
ナッツとスパイスの風味が融合して、ちょっぴりエキゾティック。

ナッツとレーズン入りナン
作り方 p.33

インドカレー

カシューナッツチキンカレー

1 玉ねぎはみじん切りにし、にんにく、しょうがはすりおろす。

2 ミキサーに水1カップとカシューナッツを入れ(**a**)、ピューレ状になるまで攪拌する。

3 鍋にバターを熱し、赤とうがらし、にんにく、しょうがを炒め、香りが出たら玉ねぎを加えて半量程度のかさになるまでしっかりと炒める。**A**を加え、香りが出るまでよく炒める。焦げついてきたら水少々を加えて炒めていく。

4 3にホールトマトをつぶしながら加えて炒め、水3カップを加え、ふたをして弱火で20分ほど煮る。

5 鶏肉は**B**を加えて手でもみ込む(**b**)。フライパンにサラダ油を熱して鶏肉を焼き(**c**)、ヨーグルトを加えて全体に混ぜる。

6 4に5を加え、2のカシューナッツのピューレを加え(**d**)、塩、こしょうをして10〜15分煮る。

7 器に盛り、粗くつぶしたピスタチオ少々(分量外。あれば)を散らす。

c

b

d

材料 作りやすい分量
鶏ぶつ切り肉(骨つき) 600g
玉ねぎ 2個
にんにく 2かけ
しょうが 大1かけ
カシューナッツ 100g
バター 40g
赤とうがらし 2本

A
カレー粉 大さじ3
クミンシード 小さじ½
レッドチリパウダー 小さじ¼
カルダモンパウダー 小さじ½
ホールトマト缶 1缶

B
カレー粉 少々
塩、こしょう 各少々
サラダ油 大さじ2
プレーンヨーグルト 大さじ2
塩 小さじ2
こしょう 少々

インドカレー

カルダモンの甘くて強い清涼感のある香りと
ココナッツミルクを組み合わせた、個性的なカレー。
仕上げにレモン果汁を加えてフレッシュ感をプラス。

カルダモンチキンカレー

材料 作りやすい分量
- 鶏ぶつ切り肉（骨つき）　800g
- カルダモンシード　20〜25粒
- にんにく　3かけ
- しょうが　大1かけ
- プレーンヨーグルト　1½カップ
- 粗びき黒こしょう　小さじ1
- レモンの皮（すりおろす）　1個分
- バター　20g
- ココナッツミルク　2カップ
- 青とうがらし（半分に切る）　5本分
- 香菜（刻む）　1束分
- 塩　小さじ1〜2
- カットレモン　適量

1　カルダモンはつぶして種を取り出し（皮の部分は使わない）、種をすりつぶす（写真）。

2　フードプロセッサーににんにく、しょうが、ヨーグルト1/4カップを入れて撹拌し、ペースト状にする。1のカルダモン、こしょう、レモンの皮を加えて混ぜる。

3　2をバットに入れ、鶏肉を加えて混ぜ、冷蔵庫で3時間以上おく。

4　鍋にバターを熱して3の鶏肉を焼き、軽く色づいたら、残りのヨーグルト、ココナッツミルク、青とうがらし、香菜を加え、弱火で30分ほど煮る。塩で味を調える。

5　器に盛り、レモンをしぼる。バスマティライス（分量外。p.6参照）を添える。

カシミールは辛くておいしいカレーの代名詞。
いくつものスパイスの香りが幾重にもなって刺激的。
ターメリックを入れて黄色く仕上げます。

カシミールチキンカレー

材料 作りやすい分量

鶏ぶつ切り肉（骨つき）　600g
玉ねぎ　2個
トマト　小2個

A
　カルダモンシード　6粒
　クミンシード　小さじ½
　コリアンダーシード　小さじ½
　ピスタチオ（皮なし）　20g
　アーモンド（皮なし）　50g
　サラダ油　大さじ5
　にんにく（みじん切り）　小さじ1

しょうが（みじん切り）　小さじ1

B
　赤とうがらし（ちぎる）　2本分
　シナモンスティック　¼本
　クローブ　6粒
　ターメリックパウダー　小さじ1
　プレーンヨーグルト　1カップ
　サフラン　ひとつまみ
　塩　小さじ1～2

1　玉ねぎは薄切りにし、トマトはざく切りにする。Aは合わせて軽くつぶす。ピスタチオとアーモンドはアルミホイルを敷いた天板にのせ、オーブントースターで10分ほどローストする（写真）。

2　鍋にサラダ油大さじ3を熱してにんにく、しょうが、玉ねぎを入れ、玉ねぎがあめ色になるまで15～20分炒める。フードプロセッサーに移し、トマト、1のナッツ類、水1カップを加えて攪拌し、ペースト状にする。

3　2のあいた鍋にサラダ油大さじ2を足し、1のスパイスとBを炒め、香りが出てきたら2を加え、水分を飛ばすように炒める。水3/4カップと鶏肉を加えて弱火で20分ほど煮、ヨーグルトとサフランを加えて10分ほど煮る。塩で味を調える。

4　器にサフランライス（分量外。左記参照）を盛り、3をかける。

◆ **サフランライス**
バスマティライス2カップをさっと洗い、ざるに上げて水気をきる。水2カップにサフランふたつまみを入れて10分ほどおき、色が出てきたらバスマティライスとともに鍋に入れ、ふたをして強火にかけ、沸騰したら弱火にして10分炊く。火を止めて7～8分蒸らす。

キーマカレー

材料 作りやすい分量
鶏ひき肉　400g
玉ねぎ　1個
にんにく　3かけ
しょうが　1かけ
トマト　2個
バター　40g
A
　パプリカパウダー　小さじ⅓
　クミンパウダー　小さじ1
　コリアンダーパウダー　小さじ1
　ターメリックパウダー　小さじ2
　レッドチリパウダー　小さじ½
じゃがいも　2個
サラダ油　適量
ガラムマサラ　小さじ1
塩　小さじ1½
粗びき黒こしょう　少々

a

b

c

1　玉ねぎ、にんにく、しょうがはみじん切りにする。トマトは粗みじん切りにする。

2　鍋にバターを熱し、にんにくとしょうがを5分ほどかけてじっくりと炒め、玉ねぎを加えてしんなりとするまで炒める。トマトを加えてさらに炒める（a）。

3　Aを加えて香りが出るまで炒め、ひき肉を加えて軽く炒める。水2カップを加え（b）、ときどき混ぜながらやや強火で20～30分炒め煮にする。

4　じゃがいもは皮をむいて一口大に切り、多めのサラダ油を熱したフライパンで揚げ焼きにする（c）。油をきって3に加える。

5　ガラムマサラ、塩、こしょうを加えてなじませる。

6　器にバスマティライス（分量外。p.6参照）を盛り、5をかける。香菜チャツネとラッシー（各分量外。左記参照）を添える。

◆香菜チャツネ
香菜2束（約30g）、ミント10g、にんにく1かけ、しょうが1かけ、青とうがらし1本、ピーナッツ大さじ1、塩小さじ1、レモン果汁大さじ1、水大さじ2～3をフードプロセッサーで撹拌してペースト状にする。

◆ラッシー
プレーンヨーグルト1½カップ、牛乳60㎖、レモン果汁小さじ1～2、砂糖大さじ2、氷2～3片をミキサーにかけて撹拌し、グラスに注ぎ、カルダモンパウダー少々をふる。

インドカレー

14

揚げ焼きにしたホクホクのじゃがいもを入れた鶏ひき肉で作るキーマカレー。
煮込まずに炒め煮にするので、とっても手軽。
ここでは、チャツネとラッシーを添えていただきます。

インドカレー

ラムキーマカレー

材料 作りやすい分量
- ラムひき肉　500g
- 玉ねぎ　1個
- トマト　2個
- カルダモンシード　5粒
- サラダ油　大さじ3
- **A**
  - クローブ　3〜4粒
  - フェンネルシード　小さじ½
  - ローリエ　2枚
  - 赤とうがらし　3本
  - シナモンスティック　½本
- にんにく（すりおろす）　大さじ1
- しょうが（すりおろす）　大さじ1
- プレーンヨーグルト　大さじ4
- トマトピューレー　大さじ2
- **B**
  - ターメリックパウダー　小さじ1
  - クミンパウダー　小さじ1
  - コリアンダーパウダー　小さじ1
- グリーンピース（冷凍）　200g
- ガラムマサラ　小さじ½
- 塩　小さじ1½

a

b

c

d

1 玉ねぎはみじん切りにする。トマトは小さめのざく切りにする。カルダモンは軽くつぶす。

2 鍋にサラダ油を熱し、**A**を炒めて香りを出し、玉ねぎとカルダモンを加えてあめ色になるまでよく炒める。

3 火を少し弱め、にんにくとしょうがを加えて炒め、ヨーグルトを加え(**a**)、なじませるように炒める。トマトを加えてつぶしながら水分を飛ばすように炒め、トマトピューレーを加える。

4 **B**を加えてさらに炒め、ひき肉、水1カップを加えて混ぜ(**b**)、ふたをして弱火で30分ほど煮る。

5 グリーンピースを加え、ガラムマサラを入れ(**c**、**d**)、塩で味を調え、強火にして少し水分を飛ばしながら5〜6分煮つめる。

6 器にバスマティライス（分量外。p.6参照）を盛り、**5**をかける。

大根のカチュンバル
作り方 p.36

しょうがとにんにくのすりおろし、クローブを入れることで、
ラムのクセがやわらぎ、ぐんと食べやすくなります。
仕上げに入れるガラムマサラの風味が、鼻をくすぐります。

インドカレー

白身魚のカレー

材料 作りやすい分量
白身魚（まながつお、さわらなど） 300g
玉ねぎ 1個
にんにく 2〜3かけ
しょうが 大1かけ
トマト 2個
サラダ油 大さじ4

A
フェンネルシード 小さじ2
マスタードシード 小さじ1

B
赤とうがらし（種を取る） 2本分
コリアンダーパウダー 小さじ2
ターメリックパウダー 大さじ1
粗びき黒こしょう 小さじ1

小麦粉 適量
ココナッツミルク ½カップ
塩 小さじ1
レモン果汁 小さじ2

a

b

c

1 玉ねぎはみじん切りにする。にんにく、しょうがはすりおろす。トマトは小さめのざく切りにする。

2 鍋にサラダ油大さじ3を熱してAを炒め、マスタードシードがパチパチとはじけてきたら、しょうが、にんにくを加えてさらに炒め（a）、玉ねぎを加えて茶色になるまで炒める。

3 トマトを加えてくずしながら炒め、Bを加えてさらに炒め、水1カップを加えて弱火で10分ほど煮る。

4 白身魚はそぎ切りにして小麦粉をまぶし、サラダ油大さじ1を熱したフライパンで焼き、3に加える（b）。

5 4にココナッツミルクを加えて一煮立ちさせ、塩、レモン果汁で味を調える（c）。

6 器にサフランライス（分量外。p.13参照）を盛り、5をかける。

18

きゅうりのライタ
作り方 p.36

白身魚は小麦粉をまぶしてフライパンで焼き、
カレーソースに加えてさっと煮ます。
仕上げに入れるココナッツミルクとレモン果汁がポイント。

インドカレー

えびの
トマトクリームカレー

a

材料 作りやすい分量
えび（有頭。ブラックタイガーなど） 500g
玉ねぎ ½個
にんにく 2かけ
しょうが 1かけ
サラダ油 大さじ3
A
クミンシード 小さじ1
マスタードシード 小さじ1
カルダモンシード 3〜4粒
シナモンスティック ½本
クローブ 3〜4粒
トマトピューレー ½カップ
B
ターメリックパウダー 小さじ2
レッドチリパウダー 小さじ½
クミンパウダー 小さじ2
コリアンダーパウダー 小さじ2
ココナッツミルク ¾カップ
バター 大さじ1
ししとう 15本
塩 小さじ1〜2
レモン果汁 適量
カットレモン 適量

1 えびは頭を取って殻と尾をむき、背わたを取り、頭と殻、尾も捨てずにおく。玉ねぎ、にんにく、しょうがは粗みじんに切る。

2 鍋にサラダ油大さじ1を熱して1のえびの頭と殻、尾を入れ、頭をつぶすようにしながらよく炒めて（a）。水3/4カップを加えて2〜3分煮立て、ざるなどでこして頭と殻、尾は捨てる。

3 鍋にサラダ油大さじ2を熱してAを炒め、クミンシードがパチパチとはじけてきたら、玉ねぎ、にんにく、しょうがを加え、しっとりとするまで炒める。トマトピューレーを加えて炒め合わせ、Bを加えてさらに炒める。

4 ココナッツミルクと2のえびの煮汁を加え（b）、弱火で5〜6分煮る。

b

5 フライパンにバターを熱して1のえびとししとうを炒め、4に加える（c）。一煮立ちさせ、塩、レモン果汁で味を調える。

6 器にバスマティライス（分量外。p.6参照）を盛り、5をかけ、レモンを添える。

c

えびは殻つきのものを用意し、炒めた殻から出たおいしいエキスも、カレーソースに入れます。
えびは煮すぎるとかたくなるので、さっと炒めて最後に加えます。

インドカレー

ほうれん草とチーズのカレー

a

1 カッテージチーズを作る。鍋に牛乳を入れて火にかけ、沸騰したら米酢を加え、分離したらガーゼまたはペーパータオルでこす。そのまま包んでバットにのせ、重しをのせて20分ほどおく（a）。

2 ほうれん草は塩少々（分量外）を加えたたっぷりの熱湯でやわらかめにゆで、ざるに上げて水気をきる。水1カップとともにミキサーに入れ（b）、攪拌してピューレ状にする。

3 玉ねぎ、にんにく、しょうがはみじん切りにする。トマトは粗みじん切りにする。

4 鍋にサラダ油を熱してクミンシードを入れ、パチパチとはじけるまで炒め、にんにく、しょうが、玉ねぎを加え、玉ねぎが茶色くなるまで炒め、Aを加えて香りが出るまで炒め、トマトを加えてつぶしながら炒める。

5 4に2を加え（c）、弱火で10分ほど煮、生クリームを加えてさっと煮立て、塩で味を調える。

6 1のカッテージチーズを小さめの一口大に切って加え（d）、一煮立ちさせる。

材料 作りやすい分量
ほうれん草　2束
玉ねぎ　1個
にんにく　3かけ
しょうが　1かけ
トマト　2個
サラダ油　大さじ5
クミンシード　大さじ1
A
　レッドチリパウダー　小さじ½
　ガラムマサラ　小さじ2
　コリアンダーパウダー　小さじ2
　ターメリックパウダー　小さじ1
生クリーム　¼カップ
塩　適量
カッテージチーズ
牛乳　1ℓ
米酢　¼カップ

b

c

d

22

ナン
作り方 p.33

ほうれん草をたっぷり使った、インドカレーの定番。
生クリームと組み合わせて、なめらかな食べ心地。
自家製カッテージチーズがおいしさの決め手です。

ベジタリアンの多いインドならではの
豆を主役にしたカレーは、クセになるおいしさ。
ここでは、やわらかく煮たラジマ（金時豆）とスパイスの
組合せの妙を楽しみます。

玉ねぎのアチャール
・
作り方 p.36

インドカレー

ラジマカレー

材料 作りやすい分量
金時豆　300g
ホールトマト缶　½缶
玉ねぎ　1個
にんにく　3かけ
しょうが　1かけ
青とうがらし　3本
サラダ油　大さじ3

A
クミンパウダー　小さじ1
レッドチリパウダー　小さじ½
コリアンダーパウダー　小さじ1

香菜(刻む)　1束分
塩　適量
ガラムマサラ　小さじ½
レモン果汁　小さじ1

1 金時豆は4倍量の水に一晩つける。そのまま中火にかけ、煮立ったら火を弱めてやわらかくなるまでゆで（**a**）、金時豆とゆで汁に分けておく。ホールトマトはざるでこす。

2 玉ねぎ、にんにく、しょうが、青とうがらしはざく切りにし、フードプロセッサーで攪拌し、ペースト状にする（**b**、**c**）。

3 鍋にサラダ油を熱し、2を入れて水分を飛ばしながら強火で炒め、水分がなくなってきたら1のトマト、**A**、香菜を加え、トマトの水分を飛ばしながら混ぜ、ふたをして弱火で5〜6分煮る。

4 3に金時豆を加えて混ぜ（**d**）、そのあとゆで汁全量を加えて一煮する。塩で味を調え、ガラムマサラ、レモン果汁を加える。

5 器にクミンライス（分量外。下記参照）を盛り、4をかける。

◆ **クミンライス**
バスマティライス2カップをさっと洗い、ざるに上げて水気をきる。鍋にサラダ油大さじ1を熱してクミンシード大さじ1を炒め、パチパチと音がしてきたらシナモンスティック1/2本を加えてざっと炒め、バスマティライスを加えて炒める。水2カップを注ぎ入れ、塩少々をし、ふたをして強火にかけ、沸騰したら弱火にして10分炊く。火を止めて7〜8分蒸らす。

インドカレー

チャパティ
作り方 p.34

レンズ豆のカレー

レンズ豆を使った、スープ状のさらっとしたタイプのカレー。
フレッシュな香菜をトッピングして香りをプラスします。

材料 作りやすい分量
レンズ豆（皮なし）　200g
塩　適量
玉ねぎ　½個
にんにく　1かけ
トマト　2個
サラダ油　大さじ3
クミンシード　大さじ1
マスタードシード　小さじ2
赤とうがらし（種を取る）　1本分
香菜（ざく切り）　1束分

1. レンズ豆は2回ほど洗い、水気をきる。水4カップ、塩小さじ½とともに鍋に入れ、やわらかくなるまでゆでる。
2. 玉ねぎ、にんにくは薄切りにする。トマトは小さめの乱切りにする。
3. 別鍋にサラダ油を熱してクミンシードを炒め、香りが出たらマスタードシード、玉ねぎ、にんにく、赤とうがらしを加えてさらに炒め、トマトを加えてつぶしながら炒め合わせる。
4. 1をゆで汁ごと加え、塩小さじ1～1½を入れ、弱火で20分ほど煮る。
5. 器に盛り、香菜をのせる。

卵とレーズンのカレー

スパイシーな中にも
卵とレーズンの甘みを感じる、
こっくりとした味わいのカレーです。
コクと味出しのために鶏肉も入れます。

材料 作りやすい分量
ゆで卵　2個
玉ねぎ　½個
にんにく　大1かけ
しょうが　1かけ
鶏胸肉　200g
塩、こしょう　各適量
サラダ油　大さじ2

A
クミンシード　小さじ1
カルダモンシード　4粒
シナモンスティック　½本

B
赤とうがらし（種を取る）　1本分
コリアンダーパウダー　小さじ1
ターメリックパウダー　小さじ2
レッドチリパウダー　小さじ¼
トマトピューレー　1カップ
カシューナッツ（刻む）　⅓カップ
レーズン　½カップ
ガラムマサラ　小さじ1
バター　30g
生クリーム　100mℓ

1 玉ねぎ、にんにく、しょうがはみじん切りにする。鶏肉は2cm角のそぎ切りにし、塩、こしょうをふって手でもみ込む。

2 鍋にサラダ油を熱してAを炒め、香りが出たら玉ねぎ、にんにく、しょうがを加え、玉ねぎが色づくまで6〜7分炒める。

3 2にBを加えてさらに炒め、トマトピューレー、鶏肉、水3/4カップを加えてふたをして弱火で20分ほど煮る。ゆで卵を1cm角くらいに刻んで加え、カシューナッツとレーズンも入れ、さらに10分ほど煮る。

4 ガラムマサラ、塩小さじ1〜2で味を調え、バター、生クリームを加えてさっと煮る。

5 器に盛り、バスマティライス（分量外。p.6参照）にカシューナッツとレーズン（各分量外）を散らして添える。

じゃがいもと
グリーンピースのサブジ

サブジはインドで野菜のおかずのこと。
アツアツでも冷めてもおいしい。

材料 作りやすい分量
じゃがいも　2〜3個
グリーンピース（冷凍）　60g
スパイスペースト（作りやすい分量）
ターメリックパウダー　小さじ1/3
レッドチリパウダー　小さじ1/4
にんにく　1かけ
黒粒こしょう　小さじ1/3
香菜（粗みじん切り）　大さじ2
水　大さじ2
サラダ油　大さじ4
クミンシード
　小さじ1/2
マスタードシード
　小さじ1/2
赤とうがらし　1本
塩　小さじ1

1 スパイスペーストを作る。すり鉢などに水以外の材料を入れてつぶし、水を少量ずつ加えながらペースト状になるまですりつぶす（写真）。冷凍庫で2週間保存可。

2 じゃがいもは皮をむいて3cm角に切る。

3 フライパンにサラダ油を熱してクミンシード、マスタードシード、赤とうがらしを炒め、じゃがいもを加えてこんがりと揚げるように炒め、ふたをしてじゃがいもがやわらかくなるまで弱火で蒸し煮にする。

4 グリーンピース、スパイスペースト小さじ2を加えてなじませ、水大さじ4を加えて強火で炒め合わせる。塩で味を調える。

インドカレー　サブジ

28

カリフラワーはゆでずに生のまま炒め、蒸し煮にしてじっくりと火を通します。ターメリック色に染まっておいしそう。

油と相性のよいなすを使ったスパイシーな一皿。初めにクミンシードを香りよく炒めるのがポイント。

カリフラワーのサブジ

材料 作りやすい分量
カリフラワー　1個
にんにく　1かけ
サラダ油　大さじ4
クミンシード　大さじ1
コリアンダーパウダー　小さじ½
ターメリックパウダー　小さじ⅓
ガラムマサラ　小さじ½
塩　小さじ⅔
粗びき黒こしょう　適量

1　カリフラワーは小房に分ける。にんにくはつぶす。
2　フライパンにサラダ油を熱してクミンシードを炒め、香りが出たら1を加えてさらに炒める。
3　コリアンダーパウダー、ターメリックパウダー、ガラムマサラを加えてなじませ、水70mlを加え、ふたをして弱火で蒸し煮にする。ふたを取り、塩とこしょうをふり、水分がなくなるまで炒め合わせる。

なすのサブジ

材料 作りやすい分量
なす　2本
玉ねぎ　½個
トマト　½個
サラダ油　大さじ3
クミンシード　大さじ1
スパイスペースト（p.28参照）　小さじ2
塩　小さじ⅔

1　なすはへたを取って乱切りにし、玉ねぎは1cm幅に切る。トマトはざく切りにする。
2　フライパンにサラダ油を熱してクミンシードを炒め、香りが出たら玉ねぎ、なすの順に加えて炒める。
3　ふたをして弱火で蒸し煮にし、なすと玉ねぎに火が通ったらトマトとスパイスペーストを加え、塩をふり、水分がなくなるまで炒め合わせる。

きゅうりのライタ
●
作り方 p.36

ご飯とカレー、スパイスを交互に重ねた
ちょっと豪華なインドの炊込みご飯。
きゅうりのライタをぜひ添えて。

インドカレー ご飯

チキンビリヤニ

材料 作りやすい分量
バスマティライス　2カップ
鶏もも肉　250g
塩、こしょう　各適量
レモン果汁　小さじ1

A
にんにく　3かけ
しょうが　大1かけ
青とうがらし　2本
エシャロット　½個
アーモンド（皮なし）　大さじ1
カシューナッツ　大さじ1
バター　適量

B
クミンシード　小さじ⅓
シナモンスティック　½本
クローブ　4粒

C
クミンパウダー　小さじ½
ターメリックパウダー　小さじ1
カルダモンパウダー　小さじ1
プレーンヨーグルト　大さじ3
ローリエ　1枚
赤とうがらし　½本
アーモンド（皮なし。粗く刻む）　大さじ1
カシューナッツ（粗く刻む）　大さじ1
レーズン　大さじ2
玉ねぎ（薄切り）　1個分
牛乳　½カップ
サフラン　ひとつまみ
ミント（ざく切り）　15～20枚分
香菜（刻む）　1束分

a

b

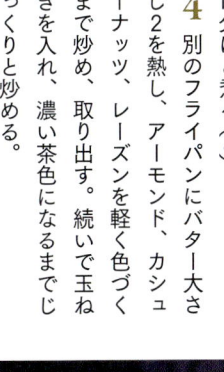
c

d

1 バスマティライスは洗ってざるに上げ、たっぷりの熱湯で5分ほどゆで、少しかたいくらいでざるに上げる。

2 鶏肉は一口大に切り、塩、こしょう各少々、レモン果汁を加えて手でもみ込む。Aはフードプロセッサーで撹拌してペースト状にする。

3 フライパンにバター大さじ2を熱してBを加えてさらに炒め、Cを加えてなじませる。香りが出たらヨーグルトを加え、2の鶏肉、水1⁄2カップ、塩少々、ローリエ、赤とうがらしを加えて10分ほど煮る（a）。

4 別のフライパンにバター大さじ2を熱し、アーモンド、カシューナッツ、レーズンを軽く色づくまで炒め、取り出す。続いて玉ねぎを入れ、濃い茶色になるまでじっくりと炒める。

5 牛乳とサフランは鍋に入れて少し温める（b）。

6 別の鍋に1の半量を入れ、3、4の各半量を順に重ねてのせ、ミントと香菜を少し散らし、5を少しかける。さらに残りの1をのせ（c）、同様にして重ねる。最後に5を回しかける（d）。

7 ふたをして、180℃のオーブンで30分ほど蒸焼きにする。仕上げにミントと香菜をふる。全体に混ぜていただく。

インドカレー｜ナン、チャパティ

ナン2種

インドカレーと一緒に楽しみたいのが、平焼きパンのナン。
プレーンタイプ、ナッツとレーズン入りの2種を紹介。
食べなかった分は冷凍保存もできます。

材料 各4枚分

- 強力粉　370g
- ベーキングパウダー　大さじ1
- 重曹　小さじ½
- 卵　1個
- 砂糖　30g
- 塩　小さじ2
- 牛乳　¾カップ
- プレーンヨーグルト　大さじ2
- サラダ油　大さじ1½
- とかしバター　適量

ナッツとレーズン入りの具

- カシューナッツ（刻む）　40g
- ピスタチオ（刻む）　20g
- アーモンド（刻む）　20g
- レーズン（刻む）　40g
- スキムミルク　大さじ1
- はちみつ　大さじ2
- 水　少々
- ターメリックパウダー　小さじ¼

プレーンタイプ

1 ボウルに卵、砂糖、塩、水50mℓ、牛乳、ヨーグルトを入れ、泡立て器でよく混ぜ合わせる。

2 強力粉、ベーキングパウダー、重曹を加え、ゴムべらで混ぜる。

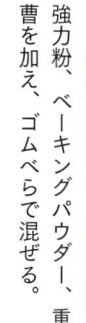

3 まとまってきたら、サラダ油を少しずつ加えて、練るようにして混ぜる。

4 ひとまとめにしてボウルに入れ、ラップをかけて2時間ほど常温でおく。

5 4等分にして直径10cmくらいに丸くのばし、霧吹きをしてぬれ布巾をかけ、20分ほどおく。

6 打ち粉（分量外）をして縦にのばし、天板に並べて霧吹きをし、250℃のオーブンで7〜8分焼く。表面にとかしバターをぬる。

ナッツとレーズン入りの場合

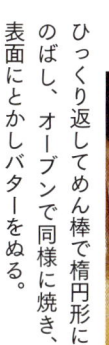

7 ナッツとレーズン入りの具をすべてボウルに入れ、ペースト状になるまで混ぜる。

8 1〜5と同様に生地を作り、打ち粉をして直径20cmにのばし、7を大さじ1ずつのせる。両脇から生地で包んでつまみながらとめる。

9 ひっくり返してめん棒で楕円形にのばし、オーブンで同様に焼き、表面にとかしバターをぬる。

インドカレー | ナン、チャパティ

チャパティ

材料 10〜12枚分
全粒粉　250g
塩　少々
水　1カップくらい

1 ボウルに全粒粉と塩を入れ、水を少しずつ加えながら混ぜ、一つにまとまるくらいまで練る。

2 10〜12等分にし、ゴルフボールくらいの大きさに丸める。

3 打ち粉（分量外）をした台の上で、丸形に薄くのばす。

4 フライパンを弱火にかけて温め、3をのせ、軽く焼き色がつくまで両面焼く。

5 フライパンを火からはずし、4の生地をトングなどではさみ、じか火にかざしてプクーッと膨らむまで両面焼く。

チャパティは全粒粉をこねて素焼きにしたもの。
アタ粉と呼ばれる微粉末にひいた全粒粉が手に入ればベスト。
日本の全粒粉や強力粉で作っても。

34

インドカレー　スナック

カレー風味のじゃがいもを
チャパティに似た生地で包み、香ばしく揚げます。
三角の形にするのがインド風です。

サモサ

材料　16個分
- じゃがいも（メークイン）　4個
- サラダ油　大さじ3

A
- クミンシード　小さじ1
- マスタードシード　小さじ2
- にんにく（みじん切り）　大1かけ分
- しょうが（みじん切り）　大1かけ分
- 玉ねぎ（みじん切り）　½個分
- 牛ひき肉　150g

B
- クミンパウダー　小さじ1
- レッドチリパウダー　小さじ⅓
- カルダモンパウダー　小さじ⅓
- ターメリックパウダー　小さじ2
- ガラムマサラ　少々
- 塩　小さじ1〜1½
- 粗びき黒こしょう　少々

- グリーンピース（冷凍）　70g
- カシューナッツ（刻む）　50g
- レーズン　50g

生地
- 全粒粉　2カップ
- 水　1カップ
- サラダ油　小さじ1
- 塩　少々

揚げ油　適量

1. じゃがいもは皮つきのままゆで、熱いうちに皮をむいてつぶす。
2. フライパンにサラダ油を熱してAを炒め、香りが出たらにんにく、しょうが、玉ねぎを加えて炒め、ひき肉を加えて炒め合わせる。Bを加える。グリーンピース、カシューナッツ、レーズンを加える。1に加えて混ぜ、バットに広げて粗熱を取る。
3. 生地の材料はボウルに入れて練り混ぜ、8等分にして楕円形にのばし、半分に切る。円錐状に巻き（a）、2をたっぷりと詰め（b）、生地を内側に折ってくっつけ、ふたをする。
4. 170℃の揚げ油できつね色に揚げる。香菜チャツネ（分量外。p.14参照）を添える。

インドカレー｜サラダ

大根のカチュンバル

材料 作りやすい分量
大根 ½本
クミンシード 大さじ1
粗びき黒こしょう 小さじ¼
レモン果汁 大さじ1
塩 小さじ2
レッドチリパウダー 少々

1 大根は拍子木切りにし、塩適量（分量外）を加えてもみ、水気を絞る。クミンシードはフライパンでからいりし、すり鉢などで粗めにすりつぶす。
2 ボウルに1、粗びき黒こしょう、レモン果汁、塩を入れて混ぜ合わせる。
3 器に盛り、レッドチリパウダーをふる。

揚げピーナッツのサラダ

材料 作りやすい分量
ピーナッツ 100g
揚げ油 適量
きゅうり 1本
ミニトマト 10個
紫玉ねぎ 1個
香菜 1束
青とうがらし 2本
とうもろこし（水煮缶） 100g
レモン果汁 大さじ1
塩 小さじ1
ガラムマサラ 小さじ1
クミンパウダー 小さじ1
粗びき黒こしょう 適量

1 ピーナッツは160℃の揚げ油で薄く色づくまで揚げる。
2 きゅうりは小口切りにし、ミニトマトはへたを取って四つ割りにする。紫玉ねぎは5mm角に切り、香菜は1cm幅に切り、青とうがらしは小口切りにする。
3 ボウルにすべての材料を入れてざっくりと混ぜ合わせる。

玉ねぎのアチャール

材料 作りやすい分量
玉ねぎ 1個
しょうが 1かけ
塩 小さじ1
レモン果汁 2個分
レッドチリパウダー 少々

1 玉ねぎは1cm幅のくし形に切る。しょうがはみじん切りにする。
2 ボウルにすべての材料を入れ、手でざっくりと混ぜ、1時間以上漬ける。

きゅうりのライタ

材料 作りやすい分量
きゅうり 2本
クミンシード 小さじ½
プレーンヨーグルト ½カップ
レモン果汁 少々
塩 小さじ1

1 きゅうりは5mm角に切る。クミンシードはフライパンでからいりし、飾り用に少し残してすり鉢などで粗めにすりつぶす。
2 ボウルにきゅうりを入れ、クミンシード、ヨーグルト、レモン果汁、塩を加えて混ぜる。
3 器に盛り、残しておいたクミンシードをふる。

スパイスやレモン果汁であえるだけの
簡単サラダがカチュンバル。
あっさりしていて、いくらでも食べられそう。

揚げピーナッツと生野菜を彩りよく
組み合わせた、箸休めにぴったりの一品。

アチャールはインドの漬物。
ここでは塩とレモン果汁を使ってシンプルに。

ヨーグルトソースであえた、
インドの定番サラダ。カレーの横に添えて、
混ぜて食べてもおいしい！

タイ風カレー

材料 4人分

グリーンカレーペースト（作りやすい分量）
- クミンシード　小さじ¼
- コリアンダーシード　小さじ⅓
- 黒粒こしょう　小さじ⅓
- ナツメッグパウダー　小さじ¼
- レモングラス　1本
- エシャロット　1個
- にんにく　2かけ
- カー*　10g
- こぶみかんの葉（ちぎる）**　2枚分
- 干しえび　小さじ1
- 香菜の根　1本分
- 香菜（ざく切り）　1束分
- 青とうがらし（小口切り）　15本分
- ししとう（小口切り）　5本分
- バジル（ちぎる）　5枚分

- 鶏もも肉　1枚
- にんにく　2かけ
- ヤングコーン　8本
- オクラ　5本
- しめじ　½パック
- サラダ油　大さじ2
- ココナッツミルク　2カップ
- こぶみかんの葉（ちぎる）　2～3枚分
- ナンプラー　小さじ2
- 砂糖　小さじ1

*カー
しょうがに似たスパイスで、しょうがより香りが強い。香りづけに使う。

**こぶみかんの葉
バイマクルーと言われる東南アジアのハーブ。独特の甘くてさわやかな香りが特徴。

鶏肉のグリーンカレー

1 グリーンカレーペーストを作る。すり鉢などにすべての材料を入れ、たたきながらつぶしてすり混ぜる。ここで使うのは大さじ4。冷凍庫で2週間保存可。

2 鶏肉は一口大に切る。にんにくはみじん切りにする。オクラはかたいがくを取り除いて板ずりし、さっとゆで、斜め半分に切る。しめじは小房に分ける。

3 鍋にサラダ油を熱してにんにくを炒め、グリーンカレーペースト大さじ4を加えて香りが出るまで炒める（b）。ココナッツミルクを加え（c）、煮立ったら鶏肉を加えて10分ほど煮る。

4 こぶみかんの葉を加え、ヤングコーン、オクラ、しめじを加えてさっと煮る。ナンプラーと砂糖を加えて味を調える（d）。

5 器に盛って香菜（分量外）をのせ、ジャスミンライス（分量外。左記参照）にローストココナッツ（分量外）をふって添える。

◆ジャスミンライス（タイの香り米）
ジャスミンライス2カップをさっと洗い、ざるに上げて水気をきる。水2カップとともに鍋に入れ、ふたをして強火にかけ、沸騰したら弱火にして10分炊く。火を止めて5～6分蒸らす。

38

香りの強いハーブやスパイスで作る
グリーンカレーペーストをベースにした、スープのようなカレー。
仕上げにナンプラーを入れることで、味が締まります。

ライム風味のピクルス
・
作り方 p.43

タイ風カレー

魚介のレッドカレー

材料 4人分
レッドカレーペースト（作りやすい分量）
クミンシード　小さじ⅓
コリアンダーシード　小さじ¼
黒粒こしょう　小さじ⅓
ナツメッグパウダー　小さじ¼
レモングラス　1本
エシャロット　1個
にんにく　2かけ
カー*　10g
こぶみかんの葉（ちぎる）**　4枚分
香菜の根　1本分
赤とうがらし　4～5本

やりいか　2はい
えび（無頭、殻つき）　8尾
あさり　300g
玉ねぎ　½個
サラダ油　大さじ1
にんにく（みじん切り）　1かけ分
赤とうがらし（種を取る）　1本分
ナンプラー　大さじ1
砂糖　大さじ1
シーズニングソース　小さじ2
ココナッツミルク　1½カップ
バジルの葉　7～8枚

＊カー
しょうがに似たスパイスで、
しょうがより香りが強い。香りづけに使う。

＊＊こぶみかんの葉
バイマクルーと言われる東南アジアのハーブ。
独特の甘くてさわやかな香りが特徴。

1　レッドカレーペーストを作る。すり鉢などにすべての材料を入れ、たたきながらつぶし（**a**）、すり混ぜる。ここで使うのは大さじ1。冷凍庫で2週間保存可。

2　いかは胴と足に分けて内臓を取り、胴は輪切りにし、足は一口大に切る。えびは尾を残して殻を取り、背に切り目を入れて背わたを取る。あさりは塩水につけて砂抜きし、殻をこすり合わせて洗う。玉ねぎは細めのくし形に切る。

3　鍋にサラダ油を熱してにんにく、赤とうがらしを炒め、レッドカレーペースト大さじ1を加えて香りが出るまで炒め、玉ねぎを加えてさらに炒める。

4　あさりを加えて炒め（**b**）、口が開いたらいか、えびを加えてさっと炒める。ナンプラー、砂糖、シーズニングソース、ココナッツミルクを加えて一煮し、バジルの葉を大きめにちぎって加える（**c**）。塩気が足りないようならナンプラー少々（分量外）を入れる。

5　器に盛ってバジル（分量外。あれば）をのせ、ジャスミンライス（分量外。p.38参照）を添える。

青パパイヤのサラダ
作り方 p.43

赤とうがらしを使ったレッドカレーペーストをベースにした、
ヒリリとした辛さが特徴のカレー。組み合わせるのは魚介。
いか、えび、あさりのうまみを余すところなくいただきます。

タイ風カレー サラダ

タイではラープの名で親しまれているひき肉のサラダに
キャベツを加えた一皿。もち米を香ばしくいって使うのが特徴です。

ひき肉とキャベツのサラダ

材料 作りやすい分量

- 豚肩ロース肉（または豚ひき肉） 200g
- キャベツ 1/8個
- もち米 大さじ1
- にんにく 1かけ
- レモングラス 1/2本
- こぶみかんの葉* 1枚
- サラダ油 小さじ2
- ナンプラー 大さじ1
- 塩 少々
- レモン果汁 大さじ1
- エシャロット（みじん切り） 1個分
- ミント 1/2パック
- 赤とうがらし（斜め切り） 2〜3本分

*こぶみかんの葉
バイマクルーと言われる東南アジアのハーブ。
独特の甘くてさわやかな香りが特徴。

1 豚肉は包丁で細かく刻む。キャベツは太めのせん切りにする。もち米はフライパンで色づくまでからいりし、すり鉢でつぶす。

2 にんにくはみじん切りにし、レモングラスは縦2〜3等分に切って薄切りにする。こぶみかんの葉はせん切りにする。

3 フライパンにサラダ油を熱して2を入れ、香りが出るまで炒める。

4 鍋に1の豚肉と水1/4カップを入れて火にかけ、アクが出たら取り除き、豚肉に火が通ったら3を加えてさっと煮る。

5 4を煮汁ごとボウルにあけ、ナンプラー、塩、レモン果汁を加えてあえ、エシャロット、ミント、赤とうがらし、もち米、キャベツを加えて混ぜ合わせる。

ライム果汁とライムの皮を使った、さわやかな風味が魅力。作って1日おいたほうが味がなじんでおいしい。

青パパイヤをせん切りにして、ナンプラーベースの甘酸っぱいたれであえます。干しえびの香りがアクセント。

ライム風味のピクルス

材料 作りやすい分量
- ヤングコーン　30本
- オクラ　10本
- ホワイトビネガー（または穀物酢）　1カップ
- 塩、砂糖　各大さじ1
- コリアンダーシード　小さじ2
- 青とうがらし(小口切り)　2本分
- ライム果汁　大さじ1
- ライムの皮(せん切り)　1個分
- 香菜(刻む)　1束分

1 ヤングコーンは熱湯で20秒ほどゆで、水気をきる。オクラは塩適量(分量外)で板ずりし、かためにゆでて水気をきる。

2 鍋に水1カップ、ホワイトビネガー、塩、砂糖、コリアンダーシード、青とうがらしを入れて火にかけ、沸騰したら火を止め、ライム果汁を加える。

3 保存瓶などに1を入れ、2を注いで味をなじませる。

青パパイヤのサラダ

材料 作りやすい分量
- 青いパパイヤ　1個
- 干しえび　大さじ4
- にんにく　2かけ
- 赤とうがらし　5〜6本
- ピーナッツ　大さじ2
- さやいんげん(3cm長さ)　8本分
- ミニトマト(手でちぎる)　5〜6個分
- きび砂糖　大さじ1
- ナンプラー　大さじ3
- ライム果汁　大さじ3

1 青パパイヤは皮をむき、スライサーやチーズおろしなどでせん切りにする。干しえびは水につけてもどす。

2 すり鉢に干しえび、にんにく、赤とうがらし、ピーナッツ、さやいんげんを入れてざっくりとつぶす。ミニトマトを加えてさらにつぶす。きび砂糖、ナンプラー、ライム果汁を加えてつぶしながら混ぜる。

3 1のパパイヤを加え、しんなりするまで手でよく混ぜ合わせる。

欧風カレー

欧風チキンカレー

材料 作りやすい分量
鶏ぶつ切り肉（骨つき） 600g
玉ねぎ 2個
しょうが 大1かけ
にんにく 2かけ
トマト 2個
バター 40g
クミンシード 大さじ1
赤とうがらし 2本

A
カレー粉 大さじ2
ターメリックパウダー 小さじ1
レッドチリパウダー 小さじ1/3
カルダモンパウダー 小さじ1
コリアンダーパウダー 小さじ1
小麦粉 大さじ2
鶏ガラスープの素 小さじ1
サラダ油 大さじ2
塩 適量
生クリーム 大さじ2
ガラムマサラ 小さじ2

1 玉ねぎは薄切りにし、しょうが、にんにくはみじん切りにする。トマトは種を取って、ざく切りにする。

2 鍋にバターを熱してクミンシードを炒め、香りが出たら玉ねぎ、しょうが、にんにく、赤とうがらしを加え、玉ねぎが濃いあめ色になるまで30〜40分かけてじっくりと炒める。

3 2にAを加えてなじませ、小麦粉を加えて炒める（a）。トマトを加えてつぶしながら炒め、水4カップ、鶏ガラスープの素を加えて一煮して火を止める。

4 鶏肉は塩小さじ1をまぶして少しおく。フライパンにサラダ油を熱して鶏肉を入れ、表面をこんがりと焼き（b）、出てきた脂はふき取る。

5 3の鍋に4を入れ、弱火で40〜50分煮る。塩で味を調え、煮つまりすぎていたら水適量を加える。仕上げに生クリームを加え（c）、ガラムマサラを加えてなじませる。

6 器にパセリライス（分量外。左記参照）を盛り、5をかけ、さらに好みで生クリーム適量（分量外）をかける。

◆ **パセリライス**
炊きたてのご飯2合分にバター大さじ2、塩少々、パセリのみじん切り大さじ2を加えて混ぜる。

44

玉ねぎを濃いあめ色になるまでよく炒め、そこにスパイス、小麦粉、スープを加えて
カレーベースを作ります。こんがりと焼いた鶏肉を入れて、煮込めばでき上り。
鶏肉は骨つきのものを使うと、うまみたっぷりに仕上がります。

欧風カレー

ビーフカレー

材料 作りやすい分量
牛バラ肉（カレー用）　700g
玉ねぎ　2個
にんにく　2かけ
しょうが　2かけ
にんじん　1本
りんご　1個
トマト　1個
ラード　80g
小麦粉　40g
カレー粉　大さじ4
顆粒スープの素（ビーフ）　小さじ1½
サラダ油　大さじ2
塩、こしょう　各適量
マッシュルーム（薄切り）　6〜7個分
小玉ねぎ　15個
バター　大さじ1
グラニュー糖　40g

1　玉ねぎは薄切りにし、にんにく、しょうがはみじん切りにする。にんじんとりんごはすりおろし、トマトは皮を湯むきして種を取り、乱切りにする。

2　鍋にラードをとかし、にんにく、しょうがを揚げるようにして炒め、香りが出たら玉ねぎを加え、濃いあめ色になるまで30〜40分かけてじっくりと炒める（a）。小麦粉とカレー粉を加え、香りが出るまでさらに炒める（b）。

3　2に水4カップと顆粒スープの素を加え、1のにんじん、りんご、トマトを加え（c）、20分ほど煮る。

4　フライパンにサラダ油を熱して牛肉を入れ、しっかりと焼き色をつけて3に加える（d）。水少々をフライパンに入れて焼け焦げをこそげ、鍋に加える。ふたをして弱火で2時間ほど煮込み、塩、こしょうで味を調える。

5　フライパンにバターを熱してマッシュルームと小玉ねぎをさっと炒め、4に加え、小玉ねぎがやわらかくなるまで煮る。

6　フライパンにグラニュー糖と水少々を入れて火にかけ、グラニュー糖が溶けてカラメル状に焦げたら5に加えて混ぜる（e）。

7　器に盛り、ローストアーモンドを散らしたご飯（分量外）を添える。

ラードで炒めた玉ねぎをベースにコクのあるカレーベースを仕上げ、
牛肉を加えてコトコトと煮込みます。
仕上げにカラメルを加えて甘みと苦みをプラスするのが
おいしさの秘密。欧風カレーの決定版です。

セロリとじゃがいものサラダ
作り方 p.69

赤ワインとトマトピューレーを加えて煮込んだシチューのようなカレー。
やわらかく煮た牛すじが、口の中でとろけます。
焼き野菜を添えて、混ぜながらいただきます。

欧風カレー

材料 作りやすい分量
牛すじ肉　500g
タイム　2本
玉ねぎ　2個
にんにく　2かけ
しょうが　1かけ
バター　50g

A
クミンパウダー　小さじ½
コリアンダーパウダー　小さじ½
レッドチリパウダー　小さじ⅓
カレー粉　大さじ2
小麦粉　大さじ2
赤ワイン　1カップ
トマトピューレー　1カップ
トマトケチャップ　大さじ1
塩　小さじ2
こしょう　少々
ブーケガルニ＊　1束

焼き野菜
マッシュルーム　6個
なす　2本
パプリカ(赤)　⅓個
ヤングコーン　8本
バター　20g
塩　少々

＊ブーケガルニ
パセリの軸、セロリの葉つきの茎、ローリエを束にして、ひもで結ぶ。市販品もある。

牛すじ肉のカレー

1　すじ肉は鍋に入れて水をひたひたに注いで火にかけ、アクが浮かんで吹きこぼれそうになったらゆでこぼす。流水で洗って食べやすい大きさに切る。鍋に戻し、水7カップとタイムを加え、1時間ほど煮る（a）。

2　玉ねぎは薄切りにし、にんにくとしょうがはみじん切りにする。

3　別鍋にバターを熱して玉ねぎを炒め、しんなりとしたらにんにく、しょうがを加え、玉ねぎが濃いあめ色になるまで30〜40分かけて炒める。

4　Aと小麦粉を加えて香りが出るまで炒め（b）、赤ワインを加え（c）、半量程度になるまで煮つめたら、トマトピューレー、トマトケチャップを加える。

5　1のすじ肉を加え、煮汁も4カップほど注ぎ入れ（d）、塩、こしょう、ブーケガルニを入れてふたをして弱火で30分煮る。

6　焼き野菜を作る。野菜は食べやすい大きさに切ってバターを熱したフライパンで焼き、塩をふる。

7　器にご飯（分量外）を盛り、5をかけ、6を添える。

骨つきラム肉のカレー

1 玉ねぎは薄切りにし、にんにくとしょうがはみじん切りにする。トマトはざく切りにする。

2 鍋にオリーブオイル大さじ2を熱してAを炒め、香りが出たら玉ねぎ、にんにく、しょうがを加えてしっとりとするまで炒める。

3 トマトを加えてさらに炒め、Bとサフランを入れてなじませる(a)。水2カップ、顆粒スープの素を加えてふたをし、20分ほど煮る。

4 ラムチョップは塩、こしょうをし、小麦粉をまぶす。フライパンにオリーブオイル大さじ1を熱したところに並べ入れ、両面しっかりと焼く(b)。

5 4を3に加えて7〜8分煮、塩で味を調える。生クリームを加え、オレンジ果汁を加えて香りをつける(c)。

6 器にターメリックライス（分量外。左記参照）を盛り、5をかけ、オレンジの皮を散らす。

◆ **ターメリックライス**
鍋に洗った米2合分、水360㎖、ターメリックパウダー小さじ1⅓、塩少々を入れて火にかけ、沸騰したら弱火にして12分炊き、火を止めて10分蒸らす。バター大さじ1を混ぜる。

材料 作りやすい分量

ラムチョップ　6本
玉ねぎ　1個
にんにく　2かけ
しょうが　1かけ
トマト　2個
オリーブオイル　大さじ3

A
シナモンスティック　½本
クミンシード　小さじ½
コリアンダーシード　小さじ½

B
ターメリックパウダー　小さじ½
シナモンパウダー　小さじ½
レッドチリパウダー　小さじ¼
カレー粉　大さじ1
サフラン　ひとつまみ
顆粒スープの素（ビーフ）
　小さじ½
塩、こしょう　各適量
小麦粉　適量
生クリーム　¼カップ
オレンジ果汁、オレンジの皮
　（せん切り）　各少々

トマトサラダ
作り方 p.69

辛いだけではなく、シナモンのほのかに甘い芳香と
オレンジのさわやかな風味が特徴の、
ちょっぴりエキゾティックな味わいのカレーです。
ラム肉はオリーブオイルでしっかりと焼きつけるのがポイント。

ケフタは、モロッコなどで食べられている肉だんごで、
スパイスを入れて作るのが特徴。
ここでは、そんなケフタをカレーソースで煮込みます。
ラムひき肉の代りに牛ひき肉で作っても。

欧風カレー

ケフタのカレー

材料 作りやすい分量

ケフタのたね
ラムひき肉　500g
玉ねぎ(みじん切り)　½個分
にんにく(みじん切り)　1かけ分
ミント(みじん切り)　大さじ2
イタリアンパセリ(みじん切り)
　大さじ2
塩　小さじ½
粗びき黒こしょう　適量
クミンパウダー　小さじ⅓
卵　1個
バター　40g
コリアンダーシード　小さじ2
クミンシード　小さじ2

A
シナモンスティック　½本
クローブ　4粒
カルダモンシード(つぶす)　4粒分
玉ねぎ(みじん切り)　1個分
しょうが(みじん切り)　小1かけ分
にんにく(みじん切り)　小1かけ分

B
ターメリックパウダー　小さじ½
パプリカパウダー　小さじ1
カレー粉　大さじ1
トマトピューレー　1カップ
サラダ油　大さじ1
プレーンヨーグルト　¾カップ
塩　小さじ1
ミント　適量

1　ケフタのたねを作る。ボウルにすべての材料を入れ(a)、手でよく練り混ぜ、20等分にして丸める(b)。

2　鍋にバターを熱してコリアンダーシードとクミンシードを炒め、パチパチ音がしてきたら、Aを加えてさらに炒める。玉ねぎ、しょうが、にんにくを入れて玉ねぎがあめ色になるまで炒める。

3　2にBを加えてなじませ、トマトピューレー、水2カップを加える。

4　フライパンにサラダ油を熱して1を転がしながら炒め、3に加え(c)、ふたをして15分ほど煮る。

5　ヨーグルト、塩を加えて一煮立ちさせて火を止める(d)。

6　器にご飯(分量外)を盛り、5をかけ、ミントを添える。

欧風カレー

洋食屋さんの ドライカレー

材料 作りやすい分量
合いびき肉　300g
玉ねぎ　2個
ピーマン　2個
にんにく　2かけ
しょうが　大1かけ
にんじん　½本
サラダ油　大さじ2
バター　大さじ1
カレー粉　大さじ2

A
コリアンダーパウダー　小さじ1
クミンパウダー　小さじ1
レッドチリパウダー　小さじ¼
小麦粉　小さじ2
トマトペースト　大さじ1
トマトピューレー　1カップ
塩　小さじ2
こしょう　少々
砂糖　少々
パセリ（みじん切り）　適量

1　玉ねぎ、ピーマンはみじん切りにし、にんにく、しょうが、にんじんはすりおろす。

2　鍋にサラダ油とバターを熱してにんにく、しょうがを炒め、香りが出たら玉ねぎを加え、玉ねぎが濃いあめ色になるまで30〜40分かけてじっくりと炒める。

3　2にピーマンとにんじんを順に加えて炒め（**a**）、ひき肉を加えてさらに炒め、色が変わってパラパラにほぐれたらカレー粉を加え（**b**）、A、小麦粉の順に加えてなじませる。

4　トマトペースト、トマトピューレーを加え（**c**）、水1/2カップを注ぎ入れ、ときどき混ぜながら弱めの中火で15分ほど煮る。塩、こしょう、砂糖で味を調える。

5　器にご飯（分量外）を盛り、4をかけ、パセリを散らす。

54

ミックスピクルス
・
作り方 p.69

合いびき肉とみじん切りの野菜を使い、
トマトペーストとトマトピューレーでうまみを加えた、まろやかな味わいのカレーです。
好みでゆで卵のみじん切りをトッピングしても。

2色のアスパラサラダ
作り方 p.69

ちょっと贅沢に芝えびを使い、頭と殻からもうまみを抽出した、濃厚な味わいの欧風カレー。
カレー、オムレツ、ご飯のコンビネーションで、そのおいしさを堪能します。

欧風カレー

シュリンプカレー

材料 作りやすい分量
- 芝えび（有頭、殻つき）　200g
- 玉ねぎ　1個
- しょうが　大1かけ
- にんにく　1かけ
- トマト　1個
- バター　大さじ2½
- **A**
  - カレー粉　大さじ2
  - レッドチリパウダー　小さじ¼
- 小麦粉　大さじ1
- トマトピューレー　1½カップ
- オリーブオイル　大さじ2
- 白ワイン　80㎖
- ローリエ　1枚
- ブランデー　小さじ1
- 塩　小さじ1
- こしょう　少々
- 生クリーム　50㎖
- **オムレツ**
  - 卵　2個
  - 塩　少々
  - バター　大さじ2

1　玉ねぎは薄切りにし、しょうが、にんにくはみじん切りにする。トマトはざく切りにする。

2　鍋にバターを熱してしょうが、にんにくを炒め、香りが出たら玉ねぎを加え、薄く色づくまで炒める。Aと小麦粉を加えて炒め、トマト、トマトピューレー、水2カップを加えて15分ほど煮る。

3　えびは頭を取り、殻と尾をむき(a)、背わたを取る。

4　フライパンにオリーブオイル大さじ1を熱し、えびの頭、殻、尾を木べらでつぶしながら炒める(b)。白ワインを加えて強火で煮つめる。2の鍋にこしながら入れ(c)、ローリエを加えて弱火で20分ほど煮る。

5　えびの身はオリーブオイル大さじ1を熱したフライパンで強火でさっと炒め、ブランデーを加えて香りをつける(d)。4に加え(e)、塩、こしょうで味を調え、生クリームを加えて混ぜる。

6　オムレツを作る。卵は割りほぐして塩を加え、バターを熱したフライパンに流し入れ、強火で火を通してオムレツ形に整える。

7　器にご飯（分量外）を盛ってオムレツをのせ、カレーをかける。

下ごしらえのいらない貝柱、たこ、刺し身用さくを使った、
手軽に作れる海の幸のカレー。
ミニトマトの色と甘み、サフランの色と香りが
加わった、うまみたっぷりのリッチテイストです。

魚介のサフラン風味カレー・作り方 p.60

欧風カレー

夏野菜のカレー・作り方 p.61

カラフルな夏の野菜をたっぷりと使った、ヘルシーな一皿。
1種類ずつオリーブオイルで炒めて鍋に入れていくのがポイント。
水は入れず、野菜のもつ水分でうまみと甘みを引き出します。

欧風カレー

魚介のサフラン風味カレー

材料 作りやすい分量
帆立貝柱　4〜5個
ゆでだこ　80g
白身魚（刺し身用さく）　80g
玉ねぎ　¼個
にんにく　1かけ
セロリ　⅓本
オリーブオイル　大さじ4
白ワイン　¼カップ
A
　カレー粉　大さじ1½
　ターメリックパウダー　小さじ⅓
　レッドチリパウダー　小さじ¼
　サフラン　ひとつまみ
ミニトマト　13〜15個
イタリアンパセリ（みじん切り）　大さじ3
塩　適量

1 貝柱、たこ、白身魚は2〜3cm角に切る（a）。玉ねぎ、にんにく、セロリはみじん切りにする。

2 鍋にオリーブオイルとにんにくを入れ、ゆっくりと色づくまで炒めて香りを出し、玉ねぎ、セロリを加えてさらに炒め、1の魚介類を加えて強火で炒め合わせる。白ワインを加えて煮つめる（b）。

3 2にAを加えてなじませ、水1カップを注ぎ入れ、ミニトマトをへたを取って加え（c）、中火で3〜4分煮る。イタリアンパセリを加え、塩で味を調える。

4 器にご飯（分量外）を盛り、3をかける。

材料 作りやすい分量
玉ねぎ　1個
にんにく　2かけ
しょうが　1かけ
パプリカ(赤、黄)　合わせて1個分
なす　2本
ズッキーニ　1本
ヤングコーン　10本
オクラ　8本
トマト　小2個
オリーブオイル　大さじ7
カレー粉　小さじ1½
タイム　2本
ローリエ　1枚
鶏ガラスープの素　小さじ½
塩　適量

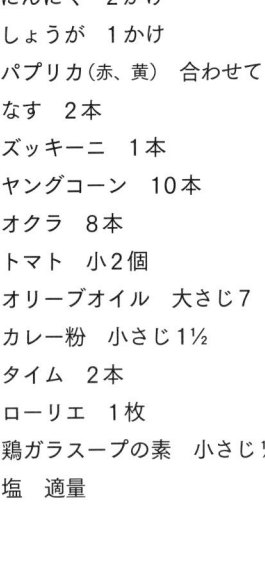

夏野菜のカレー

1 玉ねぎはくし形切りにし、にんにくとしょうがはみじん切りにする。パプリカ、なす、ズッキーニは乱切りにする。ヤングコーンとオクラはかためにゆでて水気をきり、縦半分に切る。トマトはざく切りにする。

2 鍋にオリーブオイル大さじ2を熱し、にんにくとしょうがを炒め、香りが出たら玉ねぎを加え、しんなりするまで炒める。

3 フライパンにオリーブオイル大さじ2を熱し、ズッキーニを炒め、しんなりとしたら 2 の鍋に移す。オリーブオイル大さじ1を足してパプリカを炒め、鍋に移す(a)。オリーブオイル大さじ2を足してなすを炒め、鍋に移す。

4 3 の鍋にカレー粉を加えて炒め、タイム、ローリエ、トマト、鶏ガラスープの素を加え、ふたをして弱火で20～25分煮る。塩で味を調える(b)。

5 ヤングコーンとオクラを加えてさっと煮る(c)。

6 器にご飯(分量外)を盛り、5 をかける。

欧風カレー ご飯

炊込みカレーピラフ • 作り方 p.64

ふわっと立ち上がるカレーの風味が鼻をくすぐる洋風炊込みご飯。
あさりの蒸し汁にカレー粉とクミンパウダーを加えたスープで
炊き上げるのがポイント。炊飯器や深めのフライパンでも作れます。

カレー風味のコーンビーフ炒めご飯の上に、
手作りのベシャメルソースをかけて、オーブンで焼き上げます。
たまにふっと食べたくなる、ちょっぴり懐かしい味わいの洋食です。

カレードリア・作り方 p.65

欧風カレー　ご飯

炊込みカレーピラフ

材料 作りやすい分量
米　2合
あさり　200g
白ワイン　¼カップ
鶏もも肉　200g
パプリカ（黄）　1個
玉ねぎ　1個
にんにく　1かけ
バター　大さじ3
カレー粉　小さじ2
クミンパウダー　小さじ½
塩　小さじ1
ローリエ　2枚
グリーンピース（さっとゆでる）　70g
こしょう　適量

1 米は洗ってざるに上げ、水気をきる。

2 あさりは塩水につけて砂出しをし、殻をこすり合わせて洗う。鍋に入れ、白ワインを加えて火にかけ、沸騰したらふたをして口があくまで蒸し煮にする。あさりと蒸し汁に分け、あさりは殻からはずす（a）。

3 2のあさりの蒸し汁と水を合わせて360mlにし、カレー粉とクミンパウダー、塩を加えて混ぜておく（b）。

4 鶏肉は小さめの一口大に切る。パプリカは一口大に切り、玉ねぎは5mm角に切る。にんにくはみじん切りにする。

5 鍋にバター大さじ2を熱してにんにくと玉ねぎを炒め、しんなりとしたらパプリカと鶏肉を加える。鶏肉の色が変わったら米を加え、米に透明感が出てくるまで炒める。

6 3を注ぎ入れ、ローリエを加え、ふたをして強火にする。沸騰したら弱火にして10分ほど炊く。あさりとグリーンピースを加えて10分ほど蒸らし（c）、バター大さじ1とこしょうを加えてざっくりと混ぜる。

7 器に盛り、こしょうをふる。

カレードリア

材料 2人分
ご飯　茶碗大2杯分
コーンビーフ　1缶
玉ねぎ　½個
バター　大さじ1
カレー粉　小さじ2
塩、こしょう　各少々
しょうゆ　少々

ベシャメルソース（作りやすい分量）
バター　40g
小麦粉　40g
牛乳　2カップ
塩　小さじ½
こしょう　少々
ナツメッグパウダー　少々
ゆで卵　1個
シュレッドチーズ　50g
パセリ（みじん切り）　適量

1　ベシャメルソースを作る。鍋にバターを熱し、小麦粉を加えてよく炒める（**a**）。薄く色づいてきたら、牛乳を少しずつ加えてのばしていく。少し加えては混ぜ、さらに加えてを繰り返し、なめらかに混ぜていく（**b**）。牛乳を全部加えたら、塩、こしょうで味を調え、ナツメッグを加え、混ぜながら1〜2分煮る。

2　コーンビーフはほぐし、玉ねぎはみじん切りにする。

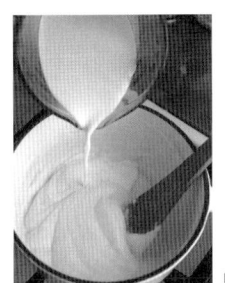

3　フライパンにバターを熱して玉ねぎを炒め、しんなりしたらコーンビーフを入れて炒め合わせる。カレー粉を入れてなじませ（**c**）、塩、こしょう、しょうゆで味を調える。ご飯を加えて炒め合わせる。

4　耐熱皿にバター（分量外）を薄くぬり、3のご飯を盛り、ゆで卵を輪切りにしてのせ、ベシャメルソースをかける（**d**）。チーズを散らし、200℃のオーブンで10〜15分焼く。焼上りにパセリをふる。

欧風カレー｜サラダ

コンビネーションサラダ • 作り方 p.68
いくつかの素材を取り合わせた、という意味を持つサラダ。
自家製ドレッシングがおいしさの決め手です。

フルーツサラダ • 作り方 p.68
カレーに合わせるなら、甘みの強い南国フルーツ。
パイナップル、パパイヤなども合います。

2色のアスパラサラダ・作り方 p.69
アスパラの季節にぜひ作りたい、シンプルな一皿。
クリーミードレッシングがよく合います。

トマトサラダ・作り方 p.69
作ってすぐはフレッシュ感たっぷり。
冷蔵庫で冷やして味をなじませてもおいしい。

ミックスピクルス・作り方 p.69
マスタードシードがアクセント。
作って一晩以上おいて味をなじませます。

セロリとじゃがいものサラダ・作り方 p.69
違う食感の野菜をそれぞれせん切りにした
シャキシャキサラダ。レモンの香りがポイントです。

欧風カレー サラダ

コンビネーションサラダ

材料 2人分
レタス　3〜4枚
トマト　1個
ゆで卵　2個
ハム　3枚
きゅうり　1本
セロリ　1本
ドレッシング
にんにく（すりおろす）　少々
フレンチマスタード　小さじ2
塩　小さじ2/3
こしょう　少々
米酢　大さじ1
砂糖　小さじ1/4
サラダ油　大さじ3
オリーブオイル　大さじ1
パセリ　少々
マヨネーズ　大さじ2
パプリカパウダー　少々

1　レタスは大きめにちぎって冷水に放し、水気をきる。トマトは皮を湯むきしてくし形に切る。ゆで卵は縦半分に切り、ハムは半分に切る。

2　きゅうり、セロリは3〜4cm長さの細めの短冊切りにする。

3　ドレッシングを作る。ボウルにサラダ油とオリーブオイル以外の材料を入れて混ぜ合わせ、サラダ油とオリーブオイルを加えて乳化するまで混ぜる。2のセロリときゅうりをざっとあえる。

4　器に1、3、パセリを盛り合わせ、マヨネーズを添えてパプリカパウダーをふる。

フルーツサラダ

材料 作りやすい分量
バナナ　1本
マンゴー　1個
オレンジ　1個
レモン果汁　小さじ1
グラニュー糖　大さじ1
カルダモンシード（つぶす）　2〜3粒分
ミント　適量

1　バナナは1cm幅の斜め切りにし、マンゴーとオレンジは皮をむいて食べやすい大きさに切る。

2　ボウルに1を入れ、レモン果汁、グラニュー糖、カルダモンシードを加えてさっとあえ、ミントの葉を加えて混ぜる。

68

2色のアスパラサラダ

材料 作りやすい分量
アスパラガス　4本
ホワイトアスパラガス（缶詰）　4本

ドレッシング
にんにく（すりおろす）　少々
フレンチマスタード　小さじ2
マヨネーズ　大さじ1
塩　小さじ⅓
こしょう　少々
赤ワインビネガー　小さじ1
オリーブオイル　大さじ1

1 ドレッシングを作る。ボウルにオリーブオイル以外の材料を入れて混ぜ合わせ、オリーブオイルを加えてよく混ぜる。

2 アスパラガスは根元に近いかたい部分は切り落とし、下¼は皮をむき、塩少々（分量外）を入れた熱湯でさっとゆでる。ホワイトアスパラガスはペーパータオルで水気をふく。

3 器に2を盛り、1をかける。

トマトサラダ

材料 作りやすい分量
トマト　大2個
米酢　大さじ1
塩　小さじ½
こしょう　少々
オリーブオイル　大さじ3
玉ねぎ（みじん切り）　¼個分
パセリ（みじん切り）　大さじ1

1 トマトは四つ割りにしてから2cm幅に切る。

2 ボウルに米酢、塩、こしょう、オリーブオイルを入れて混ぜ合わせ、玉ねぎとパセリを加える。

3 2にトマトを加えてあえる。

ミックスピクルス

材料 作りやすい分量
きゅうり　2本
セロリ　2本
パプリカ（赤）　1個
塩　小さじ2
うずら卵（ゆでる）　12個

ピクルス液
水　1カップ
米酢　½カップ
塩　小さじ2
砂糖　大さじ2
マスタードシード　大さじ1
黒粒こしょう　小さじ2

1 きゅうりは縦半分に切り、斜め5〜6mm幅の薄切りにする。セロリは斜め薄切りにし、パプリカは5〜6mm幅に切る。ボウルに入れ、塩をふって少しおく。

2 1の水気を軽く絞り、うずら卵と合わせ、保存容器に入れる。

3 ピクルス液の材料を鍋に入れて一煮立ちさせ、2に加えて味をなじませる。

セロリとじゃがいものサラダ

材料 作りやすい分量
セロリ　2本
じゃがいも　1個

ドレッシング
にんにく（すりおろす）　少々
フレンチマスタード　小さじ1
赤ワインビネガー　小さじ2
塩　小さじ⅔
オリーブオイル　大さじ3
レモンの皮（ごく細く切る）　½個分

1 セロリはごく細いせん切りにし、水にさらす。じゃがいもは皮をむいてごく細いせん切りにし、水にさらし、ざるに上げて熱湯を回しかけ、すぐに流水で洗ってぬめりを取る。

2 ドレッシングを作る。ボウルにオリーブオイル以外の材料を入れて混ぜ合わせ、オリーブオイルを加えて乳化するまでよく混ぜる。

3 1の水気をしっかりときり、2とレモンの皮を加えてあえる。

おうちカレー

ポークカレー ・ 作り方 p.72

豚肉はあらかじめゆで、上に固まった脂を取り除いて使うから
思いのほか、あっさりとした食べ心地。
最後にソースとしょうゆで味を調えるのが、我が家流です。

コールスローサラダ
・作り方 p.85

相性のよいなすとひき肉を組み合わせた、煮込まないタイプのカレーです。揚げなすは、ごろっと皮ごとのもの、皮をむいてつぶしたものを用意。ダブル使いがポイントです。

揚げなすとひき肉のカレー ・作り方 p.73

ポークカレー

材料 作りやすい分量
豚バラ肉、肩ロース肉
　（かたまり）合わせて800g
ローリエ　1枚
セロリ（葉の部分）　適量
じゃがいも　2個
しょうが　2かけ
にんにく　小2かけ
にんじん　1本
りんご　小1個
玉ねぎ　1個
トマト　大1個
バター　30g
カレー粉　大さじ3
小麦粉（ふるう）　大さじ2
塩　適量
ウスターソース　小さじ1
しょうゆ　小さじ1

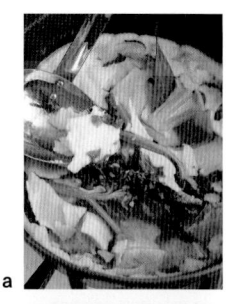

1 豚肉は3～4cm角に切る。鍋にたっぷりの熱湯を沸かし、豚肉を入れ、ゆでこぼす。新たに水5カップを加え、ローリエとセロリを入れ、ふたをして豚肉がやわらかくなるまで1時間ほどゆでる。そのまま一晩おき、上に浮いて固まった脂を取り除く（**a**）。

2 じゃがいもは皮をむいて大きめの一口大に切り、**1**に加え、じゃがいもがやわらかくなるまでゆでる。ローリエとセロリは取り除く。

3 しょうが、にんにく、にんじんはすりおろす。りんごは皮をむいてすりおろす。玉ねぎは薄切りにする。トマトは湯むきして種を取り、乱切りにする。

4 別鍋にバターを熱してしょうが、にんにく、玉ねぎを入れ、玉ねぎが濃いあめ色になるまで30～40分かけてじっくりと炒める（**b**）。にんじんを加えてさらに炒め、トマトを加えてつぶし、カレー粉、小麦粉を加えてよくなじませる。

5 **4**に**2**のスープを少しずつ加えてのばし（**c**）、豚肉とじゃがいもも入れ、りんごを加え（**d**）、ふたをして弱火で20分ほど煮る。

6 塩を加え、ウスターソース、しょうゆで味を調え（**e**）、一煮立ちさせて火を止める。

7 器にご飯（分量外）を盛り、**6**をかける。福神漬け、らっきょう、刻んだゆで卵（各分量外）を添える。

揚げなすとひき肉のカレー

材料 作りやすい分量
なす 7本
合いびき肉 300g
玉ねぎ 1個
にんにく 2かけ
しょうが 1かけ
ししとう 8本
オリーブオイル ½カップ
赤とうがらし 1本

A
カレー粉 大さじ3
クミンパウダー 小さじ½
コリアンダーパウダー
　小さじ½
小麦粉 大さじ1
ホールトマト缶 ½缶
塩、こしょう 各適量

1 玉ねぎ、にんにく、しょうがはみじん切りにする。なす3本は皮をむいて小さめの乱切りにし、残り4本は皮をむかずに大きめの乱切りにする（**a**）。ししとうは竹串でところどころ穴をあける。

2 鍋にオリーブオイルを熱し、皮をむいたなすを入れ、しんなりとするまで揚げる。続いて、皮をむかないなすを入れ、色よく揚げる（**b**）。皮をむいたなすはフォークでつぶす（**c**）。ししとうもさっと揚げる。

3 2の鍋の油を大さじ3だけ残してあけ（残っている油が少なければそのまま）、にんにく、しょうがを炒め、玉ねぎを加えてきつね色になるまで炒める。赤とうがらしとひき肉を加え、肉の色が変わるまで炒める。

4 3にAと小麦粉を加えてなじませ、香りが出たらホールトマトをつぶして加え、水1½カップを加えて混ぜる。2のつぶしたなすを入れ（**d**）、ふたをして弱火で10分ほど煮る。

5 仕上げに皮つきのなすを加え、塩、こしょうで味を調える。

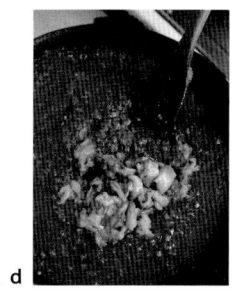

6 器にご飯（分量外）を盛り、5をかけ、ししとうを添える。

おうちカレー

豆のドライカレー・作り方 p.76

牛ひき肉、玉ねぎ、にんじん、ピーマンで
スパイシーなドライカレーを作り、枝豆、さやいんげん、コーンを加えます。
白いご飯のほか、雑穀ご飯や玄米ご飯ともよく合います。

薄切り肉とじゃがいものカレー
• 作り方 p.77

じゃがいもとにんじんがごろっと入った、お母さんカレー。
豚肉は薄切り肉を使うと煮込む時間が少なく、でも
うまみはしっかりルウに溶け込んでいるから、おいしい！

お好みカツカレー
• 作り方 p.77

あめ色に炒めた玉ねぎをベースに、野菜とフルーツだけで
仕上げたシンプルなカレールウが、おいしさの秘密。
カツはロースとヒレを用意して、好みで組み合わせます。

豆のドライカレー

材料 作りやすい分量
- 牛ひき肉　300g
- にんにく　1かけ
- しょうが　1かけ
- 玉ねぎ　1個
- にんじん　1本
- ピーマン　2個
- とうもろこし　1本
- さやいんげん　100g
- 枝豆　正味70g
- サラダ油　大さじ3
- 小麦粉　大さじ1
- A
  - カレー粉　大さじ3
  - レッドチリパウダー　小さじ⅓
  - ナツメッグパウダー　小さじ¼
- トマトペースト　大さじ1
- トマトジュース　1本(190㎖)
- 鶏ガラスープの素　小さじ½
- 塩　小さじ2
- こしょう　少々

1　にんにく、しょうが、玉ねぎ、にんじん、ピーマンはみじん切りにする。とうもろこしは包丁で実をこそげ落とす。さやいんげんはさっとゆでて、5㎜幅の小口切りにする。枝豆はかためにゆでて、さやから取り出したものを用意する。

2　鍋にサラダ油を熱してにんにく、しょうがを加えて炒め、香りが出たら玉ねぎを加えてさらに炒める。玉ねぎがしんなりとしてきたら、にんじん、ピーマンを加えて炒め合わせる（a）。

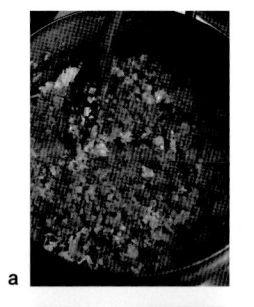

3　2にひき肉を加えて色が変わるまで炒め、小麦粉を加えてなじませ、Aを加えてよく炒める。トマトペースト、トマトジュースを入れ（b）、水1カップと鶏ガラスープの素を加え、中火で20～30分煮る。

4　とうもろこし、さやいんげん、枝豆を加え（c）、塩、こしょうで味を調え、5分ほど煮る。

5　器にご飯（分量外）を盛り、4をかける。

薄切り肉とじゃがいものカレー

材料 作りやすい分量
豚バラ薄切り肉　300g
玉ねぎ　½個
にんじん　小1本
じゃがいも　3個
にんにく　1かけ
しょうが　1かけ
サラダ油　大さじ2
カレー粉　適量
小麦粉　大さじ2
鶏ガラスープの素　小さじ1
バター　大さじ1
塩　適量
しょうゆ　小さじ2
ウスターソース　小さじ1

1 玉ねぎは薄切りにする。にんじんは乱切りにし、じゃがいもは皮をむいて大きめの一口大に切る。にんにく、しょうがはみじん切りにする。豚肉は4〜5cm幅に切り、カレー粉少々をまぶす。

2 鍋にサラダ油を熱してにんにくとしょうがを炒め、香りが出たら玉ねぎを加えてあめ色になるまでよく炒める。

3 カレー粉大さじ2、小麦粉を加えてよくなじませ、水3カップ、鶏ガラスープの素を加えて弱火で10分ほど煮る。

4 フライパンにバターを熱して1の豚肉を炒め、にんじん、じゃがいもを加えてざっと炒め合わせ、3の鍋に加える。野菜がやわらかくなるまで弱火で20分ほど煮る。塩、しょうゆ、ウスターソースで味を調える。

5 器にご飯（分量外）を盛り、4をかけ、たくあん（分量外）を添える。

お好みカツカレー

材料 作りやすい分量
玉ねぎ　2個
にんにく　1かけ
しょうが　大1かけ
りんご　½個
にんじん　½本
ホールトマト缶　½缶
サラダ油　大さじ2
カレー粉　大さじ3
小麦粉　大さじ2
顆粒スープの素（ビーフ）　小さじ1
ウスターソース　小さじ2
トマトケチャップ　小さじ2
塩　小さじ1½

トンカツ
豚ロース肉（トンカツ用）　2枚
豚ヒレ肉（トンカツ用）　4切れ
塩、こしょう　各少々
小麦粉、とき卵、パン粉　各適量
揚げ油　適量

1 玉ねぎは薄切りにする。にんにく、しょうがはみじん切りにする。りんごとにんじんはすりおろす。ホールトマトはつぶす。

2 鍋にサラダ油を熱してにんにくとしょうがを炒め、香りが出たら玉ねぎを加えてあめ色になるまでしっかりと炒める。

3 カレー粉、小麦粉を加えてなじませ、りんごとにんじんのすりおろし、ホールトマト、水2カップ、顆粒スープの素を加えて20分ほど弱火で煮る。ウスターソース、トマトケチャップ、塩を加え、さらに10分ほど煮る。

4 トンカツを作る。ロース肉は赤身と脂肪との間に切り目を入れて筋切りをする。ロース肉とヒレ肉に軽く塩、こしょうをふり、小麦粉、とき卵、パン粉の順に衣をつける。170℃に熱した揚げ油できつね色に揚げて中まで火を通す。油をきり、食べやすい大きさに切り分ける。

5 器にご飯（分量外）を盛り、3をかけ、トンカツをのせる。

おうちカレー ご飯、パン、麺

カレーチャーハン ・作り方 p.80　　ひき肉でうまみをつけた、カレー味の炒めご飯。
野菜は細かく切ると味がよくなじみ、
一口ずつおいしく食べられます。

カレーピザトースト ・作り方 p.80　　カレーとチーズは好相性。パンにたっぷりのせて
オーブントースターへ。残ったカレーを使えばOK、
ここでは、揚げなすとひき肉のカレーで作ります。

スープカレーうどん・作り方 p.81　あめ色に炒めた玉ねぎにカレー粉で味をつけ、だし汁と牛乳でのばしてスープにします。口当りがよく、やさしい味わいです。

カレー南蛮うどん・作り方 p.81　だし汁、しょうゆ、みりんをベースにした、おそば屋さん風。ここでは鶏肉を使いましたが、薄切りの豚肉を使っても。

おうちカレー｜ご飯、パン、麺

カレーチャーハン

材料 2人分
牛ひき肉　100g
玉ねぎ　¼個
ピーマン　1個
赤ピーマン　½個
にんじん　¼本
とうもろこし(冷凍)　¼カップ
サラダ油　大さじ2
塩　小さじ½
粗びき黒こしょう　少々
カレー粉　小さじ1
しょうゆ　小さじ1
ご飯　茶碗大2杯分
バター　大さじ1

1 玉ねぎ、ピーマン、赤ピーマンは7～8mm角に切り、にんじんは5mm角に切る。
2 フライパンにサラダ油を熱し、1ととうもろこしを入れて炒め、しんなりとしたらひき肉を加えてパラパラになるまで炒める。
3 塩、こしょう、カレー粉、しょうゆを加えてさらに炒め、ご飯を加えて炒め合わせる。仕上げにバターを加えて混ぜる。
4 器に盛り、こしょう適量(分量外)をふる。

カレーピザトースト

材料 2人分
揚げなすとひき肉のカレー(p.73参照)　適量
うずら卵(ゆでる)　2個
ミニトマト　2個
ピーマン　½個
山型食パン(厚切り)　2枚
バター　適量
シュレッドチーズ　40g

1 うずら卵、ミニトマトは半分に切る。ピーマンは輪切りにする。
2 パンの片面に薄くバターをぬり、揚げなすとひき肉のカレーをのせ、1をのせる。
3 2にシュレッドチーズを散らし、オーブントースターでチーズがとけるまで焼く。

スープカレーうどん

材料 2人分
玉ねぎ(すりおろす) 1個分
しょうが(すりおろす) 小1かけ分
バター 大さじ1
カレー粉 大さじ1½
小麦粉 大さじ1
だし汁 2½カップ
しょうゆ 大さじ3
塩 小さじ½
砂糖 小さじ2
牛乳 1カップ
生クリーム ¼カップくらい
稲庭うどん 160g
万能ねぎ(斜め切り) 適量

1 鍋にバターを熱して玉ねぎ、しょうがを炒め、薄い茶色になったら、カレー粉、小麦粉を加えてさらに炒める。

2 1にだし汁を加えて煮立て、しょうゆ、塩、砂糖、牛乳を加え、一煮する。仕上げに味をみて生クリームを加える。

3 うどんは袋の表示どおりにゆで、洗ってぬめりを取る。熱湯にさっとくぐらせてから器に盛り、2をかけ、万能ねぎをのせる。

カレー南蛮うどん

材料 2人分
鶏胸肉 80g
油揚げ 1枚
長ねぎ ¼本
万能ねぎ 6本
だし汁 3カップ
みりん 大さじ3
しょうゆ 大さじ3
カレー粉 大さじ1
片栗粉 大さじ1½
太うどん(生または乾麺) 2玉

1 鶏肉は小さめの一口大に切る。油揚げは1辺を残して開き、食べやすい長さの細切りにする。長ねぎ、万能ねぎは斜め切りにする。

2 鍋にだし汁を入れて火にかけ、煮立ったらみりん、しょうゆで調味する。

3 ボウルにカレー粉と片栗粉を入れて混ぜ、2の汁½カップを加えて溶いておく。

4 2の鍋に鶏肉、油揚げ、長ねぎの半量を入れてさっと煮、3を少しずつ加えてとろみをつける。

5 うどんは袋の表示どおりにゆで、洗ってぬめりを取る。熱湯にさっとくぐらせてから器に盛り、4をかけ、残りの長ねぎと万能ねぎをのせる。

おうちカレー　スナック

カレーコロッケ • 作り方 p.84
たらとゆで卵を加えた、カレー味のポテトコロッケ。
隠し味にマヨネーズを入れてコクを出すのがポイント。

カレー風味チキンスティック • 作り方 p.84
鶏肉に青のり衣をつけて揚げたフィンガーフード。
カレー粉、ウスターソース、しょうゆの下味がおいしさの秘密。

おうちカレー サラダ

ゆで卵のサラダ・作り方 p.85
ざっくりと割ったゆで卵をマヨネーズであえた
シンプルなおいしさ。カレーの箸休めにぴったり。

コールスローサラダ・作り方 p.85
どんなカレーにも合う、定番のシンプルレシピ。
多めに作って冷蔵庫に入れておいても。

野菜の酢じょうゆ漬け・作り方 p.85
カレーにもご飯にも合う、しょうが入りの
酢じょうゆ味。塩もみしてから漬けるのがポイント。

浅漬け風サラダ・作り方 p.85
だし汁ベースの調味液に漬けた和風テイスト。
大根、かぶ、にんじんなどを入れても。

おうちカレー　スナック

カレーコロッケ

材料 作りやすい分量
じゃがいも（男爵）　3個
玉ねぎ　½個
にんにく　1かけ
ゆで卵　2個
生たら　2切れ
サラダ油　大さじ2
白ワイン　大さじ1
カレー粉　小さじ1
マヨネーズ　大さじ2
塩、こしょう　各適量
バター　大さじ1
小麦粉、とき卵、
　パン粉　各適量
揚げ油　適量

1 じゃがいもは皮ごとゆで、熱いうちに皮をむいてつぶす。塩、こしょう各少々、バターを加えて混ぜる。

2 玉ねぎ、にんにくはみじん切りにする。ゆで卵は粗みじん切りにする。たらは皮と骨を除いて2～3等分のそぎ切りにする。

3 フライパンにサラダ油を熱して玉ねぎとにんにくを炒め、たらを加えてほぐすように炒める。白ワインを加えて煮つめ、汁気がなくなったらカレー粉、塩小さじ½、こしょう少々で調味する。

4 3を1に加えて混ぜ合わせ、マヨネーズ、ゆで卵を加えてざっくりと混ぜ、バットに広げて粗熱を取る。

5 12等分にして俵形にまとめ、小麦粉、とき卵、パン粉の順に衣をつける。180℃の揚げ油できつね色に揚げる。パセリ（分量外）を添える。

カレー風味
チキンスティック

材料 作りやすい分量
鶏胸肉　500g
塩、こしょう　各少々
カレー粉　小さじ1
ウスターソース　大さじ1
しょうゆ　大さじ1
小麦粉、とき卵　各適量
パン粉　1カップ
青のり　大さじ1
揚げ油　適量

1 鶏肉は繊維に沿って2cm幅のスティック状に切り、塩、こしょうをふる。

2 ボウルにカレー粉、ウスターソース、しょうゆを混ぜ合わせ、1を加えてもみ込み、15分ほどおく。

3 パン粉はフードプロセッサーで撹拌してごく細かくし、青のりを混ぜる。

4 2に小麦粉、とき卵、3のパン粉の順で衣をつけ、170℃の揚げ油できつね色にカラリと揚げる。

84

おうちカレー｜サラダ

ゆで卵のサラダ

材料 作りやすい分量
ゆで卵　6個
玉ねぎ　¼個
貝割れ菜　⅓パック
マヨネーズ　大さじ6
塩、こしょう　各適量

1. ゆで卵は大きめのざく切りにする。玉ねぎはみじん切りにする。貝割れ菜は根元を切り落とし、1〜2cm長さに切る。
2. ボウルにゆで卵と玉ねぎを入れ、マヨネーズを加えてあえ、塩、こしょうで味を調える。貝割れ菜を加えてざっと混ぜる。

コールスローサラダ

材料 作りやすい分量
キャベツ　½個
玉ねぎ　½個
米酢　大さじ3
塩　小さじ⅔
砂糖　大さじ1
サラダ油　大さじ2
こしょう　少々

1. キャベツは細切りにする。玉ねぎは薄切りにしてさっと水にさらし、水気をきる。
2. ボウルに1を入れ、米酢、塩、砂糖を混ぜ合わせて加え、重し（水を入れたボウルなど）をのせて15〜20分おく。
3. しんなりとしてきたら水気を絞ってボウルに戻し、サラダ油を加えて手でもみ、こしょうをふる。

野菜の酢じょうゆ漬け

材料 作りやすい分量
大根　¼本
にんじん　½本
セロリ　1本
塩　適量
漬け汁
赤とうがらし
　（種を取る）　1本分
しょうが(せん切り)　1かけ分
米酢　大さじ2
しょうゆ　大さじ3

1. 大根、にんじん、セロリはそれぞれ拍子木切りにし、ボウルに合わせ、塩をまぶしてしんなりするまで20分ほどおく。水気をきってボウルに戻す。
2. 鍋に漬け汁の材料を入れて一煮立ちさせ、1に加えて1時間以上漬ける。

浅漬け風サラダ

材料 作りやすい分量
蓮根　小1節
ラディッシュ　5個
きゅうり　2本
漬け汁
だし汁　½カップ
塩　大さじ1
砂糖　小さじ1
米酢　¼カップ
しょうゆ　少々
赤とうがらし　1本

1. 蓮根は皮をむいて6〜7mm厚さのいちょう切りにし、さっとゆでて水気をきる。ラディッシュは半分に切り、きゅうりは皮を縞目にむいて一口大の乱切りにする。保存容器などに入れる。
2. 鍋に漬け汁の材料を入れて一煮立ちさせ、1に加えて30分以上漬ける。

おうちカレー　手作りカレーパン

カレーパン

材料 8個分
強力粉　250g
薄力粉　50g
砂糖　大さじ1½
塩　小さじ1
予備発酵用
　ドライイースト　5g
　砂糖　少々
　ぬるま湯　大さじ2
オリーブオイル　大さじ1
ぬるま湯　170～180ml
洋食屋さんのドライカレー
　（p.54参照）　500～600g
パン粉　適量
揚げ油　適量

1 予備発酵をする。ドライイーストと砂糖を小さいボウルに入れ、ぬるま湯を加えてよく混ぜ、15分ほどおく。

2 大きなボウルに強力粉、薄力粉、砂糖、塩を入れて泡立て器でよく混ぜる。真ん中をくぼませ、1とオリーブオイルを入れ、ぬるま湯を少しずつ加えながらゴムべらで混ぜ、ひとまとめにする。

3 2を台の上に移し、たたきつけるようにしながらこねる。手につきにくくなってきたら、生地をのばしては丸める、を繰り返し、なめらかな状態になるまで3～4分練る。

4 丸く形作ってボウルに入れ、ラップまたはぬれ布巾をかけて、暖かいところに1時間くらい置いておく。約2倍の大きさになるまで発酵させる。

5 4の生地を台に移し、こぶしでたたいてガス抜きをし、8等分して丸め、それぞれ直径12cmくらいに丸くのばす。

6 手のひらに5をのせ、ドライカレー大さじ2～3をのせ、手前と奥の生地を引っ張るようにして真ん中をとめる。

7 続いて左右の生地を引っ張るようにしてとめ、揚げても中からカレーが出ないように、とじ目をしっかりとくっつける。

8 表面に刷毛で水少々をぬり、パン粉をたっぷりとつける。パン粉をバットに多めに入れておき、まんべんなくまぶしつけるとよい。

9 バットなどに並べてぬれ布巾をかけて5～10分おく。170℃の揚げ油できつね色になるまで3～4分揚げる。

86

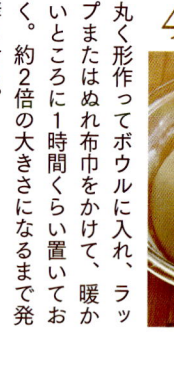

パン生地を作り、ドライカレーを包んで
パン粉をまぶしてカリッときつね色に揚げます。
カレーをパン生地でしっかりと包むのがポイント。
揚げたてサクッサクの感じは、おうちで作るからこそ！

坂田阿希子 sakata akiko

料理家。料理研究家のアシスタント、フランス菓子店やフランス料理店での経験を重ね、独立。現在、料理教室「studio SPOON」を主宰し、国内外を問わず、常に新しいおいしさを模索。プロの手法を取り入れた家庭料理の数々は、どれも本格的な味わい。著書に『煮込み料理をご飯にかけて』『坂田阿希子の肉料理』『このひと皿でパーフェクト、パワーサラダ』(いずれも文化出版局)など多数。

アートディレクション:昭原修三　デザイン:植田光子(昭原デザインオフィス)　撮影:木村 拓(東京料理写真)
スタイリング:久保原恵理　校閲:山脇節子　編集:松原京子、浅井香織(文化出版局)

カレーが食べたくなったら

2015年6月14日　第1刷発行
2019年5月20日　第3刷発行

著　者　坂田阿希子
発行者　濱田勝宏
発行所　学校法人文化学園 文化出版局
　　　　〒151-8524　東京都渋谷区代々木3-22-1
　　　　電話　03-3299-2565(編集)
　　　　　　　03-3299-2540(営業)
印刷・製本所　凸版印刷株式会社

©Monsieur Martin 2015 Printed in Japan
本書の写真、カット及び内容の無断転載を禁じます。

本書のコピー、スキャン、デジタル化等の無断複製は
著作権法上での例外を除き、禁じられています。
本書を代行業者等の第三者に依頼してスキャンやデジタル化することは、
たとえ個人や家庭内での利用でも著作権法違反になります。

文化出版局のホームページ　http://books.bunka.ac.jp/